KB141880

성과사회

지식근로자의
몰락,
성과경영자의
부상

performance
society

성과
사회

류랑도 지음

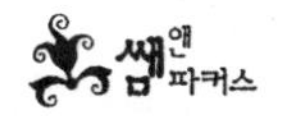

당신은 지식근로자입니까,

성과경영자입니까?

______________ 님께

목차

프롤로그 이미 시작된 거대한 패러다임의 변화 009

Part 1 모든 변화가 성과사회를 향하고 있다

01 | 이제 집단은 개인을 지켜주지 않는다 015
_ 집단의 시대에서 개인의 시대로

02 | 위아래도, 상명하복도 사라졌다 025
_ 중앙집권 시대에서 지방분권 시대로

03 | 분업과 전문화는 가고 콜라보와 플랫폼이 왔다 030
_ 분업의 시대에서 협업의 시대로

04 | 관리자는 가고 누구나 경영자가 된다 035
_ 상사의 시대에서 리더의 시대로

Part 2 성과사회로 가는 길을 가로막는 적敵들

05 | 당신이 야근하며 만든 것은 '성과'가 아니라 '실적' 045

06 | 책임도 내가 지고 영광도 내가 누린다 053

07 | '칼퇴근'도 맞지만 '정시퇴근'도 맞다 060

08 | 시대적 역할과 책임에 소홀한 기업 071

Part 3 성과사회를 이끌어갈 미래 인재의 조건

09 | 하고 싶어서 하는 일은 열정의 강도가 다르다 081
_ 역할행동의 변화

10 | 일의 주도권을 틀어쥔 자기완결적 존재 090
_ 일하는 방식의 변화

11 | 이미 조직은 '가족'이 아니라 '스포츠팀'이다 100
_ 소통방식의 변화

12 | '능력'에서 '역량'으로, 조직의 부품에서 성과의 주체로 108
_ 역량기준의 변화

에필로그 지식근로자는 지고 성과경영자만 살아남는다 119

프롤로그 _

이미 시작된 거대한 패러다임의 변화

요즘 CEO들의 고민은 하나같이 '성과'다. 그런데 막상 구성원들에게 '성과'라는 말을 꺼내면 반발과 원성이 빗발친다. 소위 밀레니얼세대인 젊은 직원들은 더하다. 자신들은 자율과 자유를 원하는데, 왜 '성과'로 통제하고 억압하려 하느냐는 것이다.

그런데 제대로만 실행되면, 그들이 원하는 자율과 자유를 극대화시켜주는 것이 바로 성과주의다. 성과주의만큼 개인의 자율성과 주체성을 중시하는 것도 없기 때문이다. 제대로 된 성과주의는 개인의 역할과 책임에 초점을 맞춰, 개인 중심으로 돌아간다.

집단의 깃발이 내려가고 개인의 깃발이 올라왔다. '노력사회'는 가고 '성과사회'가 왔다. 조직도 윗물이 바뀐다고 아랫물까지 바뀌는 구조가 아니다. 경영환경도 급변해 한두 명의 스타가 1만 명을 먹여 살리지 못한다. 구성원들이 동참하지 않는 조직은 절대 성과가 나지 않는 시대다. 아니, 존재 자체가 위태롭다. CEO나 리더들만이 아니라 구성원들도 숲을 보는 안목을 가져야 같이 갈 수 있다.

'대중'은 사라졌고, 누가 따라오란다고 따라갈 사람도 없다. 그래서 똑똑한 개인들은 명확한 논리와 논거를 바탕으로 스스로를 올바르게 설득해 각자의 미래 행동을 결정한다. 그런 점에서 이 책은 이미 시작된 거대한 패러다임의 변화, 모든 변화가 향하고 있는 '성과사회'에 대해 독자 여러분이 스스로 미래를 판단할 준거를 제시할 것이다. 세상이 어떻게 달라졌는지, 그래서 개인과 조직이 미래를 어떻게 대비해야 하는지에 대해 이야기할 것이다.

한마디로 말해, 성과사회의 핵심은 '자기완결적' 의사결정이다. 개인은 일할 때 자율적·자기완결적으로 의사결정하고, 조직은 구성원 한 사람 한 사람이 가진 역할의 가치를 독립적으로 존중해주는 것이 성과사회다.

개인의 자기완결적 의사결정이 가능한 성과사회, 집단이 아닌 사람 중심의 성과사회가 올바르게 정착되도록 하려면, 우리는 앞으로 무엇을 혁신하고 어떻게 준비해야 할까? 이제부터 이 질문에 대한 해답을 찾아보자.

Part 1.

모든 변화가 성과사회를 향하고 있다

종속되고 지배당하는 삶을 좋아하는 사람은 아무도 없다. 그럼에도 불구하고 사람들은 자신의 삶의 형태가 종속적인지 독립적인지 잘 모른 채 살아간다. 독립적이고 주체적인 삶을 살기 위해서 가장 중요한 것은 무엇일까? 자존심? 자신만의 인생철학? 돈? 친구? 크고 원대한 비전?

인생은 명제라기보다는 일상이다. 일상에서 소소한 일들을 처리할 때 그 일에 대한 통제권을 자신이 가지고 있느냐 그렇지 않느냐에 따라 삶을 대하는 마음가짐이 달라진다. 조직이 혹은 상사가 시켜서 하는 일이든, 내가 알아서 하는 일이든, 독립적으로 일할 것인가 종속적으로 일할 것인가는 나의 선택에 달려 있다.

01 이제 집단은 개인을 지켜주지 않는다

_집단의 시대에서 개인의 시대로

2000년대에 접어들면서 당시 40~50대였던 가장들은 큰 혼란에 빠졌다. 이들은 공동체가 중요했고, 집단주의에 익숙했으며, '평생직장'이 당연했다. 하지만 IMF 이후 회사들은 더 이상 이들에게 평생직장을 보장해주지 못하는 상황이 되었다. 직장을 '또 하나의 가족'으로 삼고 맹목적으로 헌신하며 살아왔건만, 이들은 늦가을 낙엽처럼 우수수 떨어져 나갔다.

그들이 흔들리는 모습을 보며 자라난 자녀 세대들은 무엇을 깨달았을까? '조직에 헌신해봐야 소용없구나, 결국 나의 개인적인 삶이 가장 중요하구나.' 하는 점이다.

또한 '공동체도, 집단도 위기의 순간이 오면 나를 지켜주지 않는구나, 결국 나 스스로 살아남아야 하는구나.' 하는 냉혹한 현실을 알게 된 것이다.

하지만 집단성에 균열이 생기기 시작한 것에 부정적인 측면만 있는 것은 아니다. 강한 존재에게 의지하려는 의존성이 약해졌고, 대신 독립성·개체성·자아정체성이 생겨났기 때문이다. 또한 개인이 삶을 주체적으로 살아가고자 하는 욕구가 커지자, 평균적인 조직보다는 탁월한 역량을 발휘하는 개인이 더 중요해졌다.

게다가 1990년대 이후 해외여행이 자유화되면서 많은 사람들이 나라 밖으로 자유롭게 드나들었고, 전 세계 사람들의 삶과 제도를 직접 보고 듣고 체험하며 배웠다. 특히 우리보다 앞서 나가는 선진국들의 정치·경제·사회 시스템과 생활방식을 보면서 우리 사회에 대해, 그리고 그 사회를 이끌어나가는 주체인 개인의 삶에 대해 많이 비교해보고 차이를 실감하면서 변화의 필요성을 깨닫게 된다.

또한 2000년대 이후 인터넷과 모바일, 웹과 SNS의

폭발적인 진화는, 사람들에게 정보에 대한 접근성을 높여주었고, 덕분에 또 한 번 개인의 주체성이 얼마나 중요한지를 자각하는 계기를 제공했다. 그동안 국가와 조직 중심의 집단적 사고와 행동에 익숙하던 개인들은 서서히 변화하기 시작한다. 자율성과 주체성을 확보하기 위해 행동하게 된 것이다. 바야흐로 사회적 인식의 기본단위가 '집단'에서 '개인'으로 이동하게 되었다.

개인이 근대성의 중요한 지표라고 한다면, 확실히 우리 사회는 과거보다 더 근대적인 방향으로 이동하고 있다. 예를 들어, 한 개인이 사회를 상대로 자신의 주장을 관철시키거나, 사회 전체의 메커니즘을 비판하며 그것을 초월하려는 행동이나 발상을 드러내는 일이 과거보다 더 빈번해지고 있다.

사회에서, 조직에서 개인들은 자신들의 목소리를 내기 시작했다. 그리고 그 목소리는 점점 더 커지고 있다. 저마다 제 목소리를 내니 싸잡아 한 덩어리로 취급했던 '대중'이 사라진 것이다. 당연한 귀결로 매스미디어의 시대, 즉 일방향으로 정보가 흐르던 시대는 끝났다. 개개인이 주체적으로 필요한 정보를 취사선택해 주고받으며, 서로 네트워크를 만들고 수평적인 관계를 이뤄 나간다. 조직도, 업무도 마찬가지로 변화하고 있다.

시대가 달라지면서 조직이나 사회에서 원하는 '개인'의 기준도 당연히 변화했다. 이제는 시키는 대로 '열심히'만 하는 산업사회의 근면성에 충실한 사람을 원하지 않는다.

> 수동적이고 부품화된 '부하형 개인'이 아니라,
> 긍정적 사고와 주체적 의사결정 역량을 가진
> 능동적 개인, 자기완결적 성과창출 역량을 갖춘
> '리더형 개인'을 원한다.

간혹 '개인주의'를 잘못 해석하는 경우가 있다. 자기 자신만 생각하고 자신의 것만 추구하는 '이기주의'와 혼동하는 것이다. '개인주의'는 '나는 나'이지만 다른 사람들과 협력적 관계도 잘 맺는다. 자신의 인생을 자기가 책임지는 것이 개인주의이지, 자기밖에 모르는 건 이기주의다. 자기 인생을 책임질 줄 아는 사람은 오히려 편안하게 남들과 협력적 공동체를 만들 수 있다.

주체적 사고와 능동적 의사결정 역량을 갖춘 개인들은, 중요하게 여기는 가치도 예전과 다르다. 집단주의 시대에서는 안정·복종·의무·조화를 중요한 가치로 여겼고, 그래서 서열적 위계구조의 형태를 공고하게 유지하는 것이 중요했다. 집단을 유지하기 위해 원활한 결속에 깊은 관심을 가졌고, 또한 집단에 대한 강한 정서적 애착을 갖는 것이 특징이었다.

과거 집단주의 시대에 개인들이 조직을 평가할 때 우선시하는 조건은, 물리적 근무조건이 얼마나 좋은지와 자신의 경험과 지식을 활용할 기회가 얼마나 많은지 등이었다.

반면 개인주의 시대에는 성취·경쟁·자유·자율을 존중받는 수평적인 구조와 관계를 중시한다. 그래서 자신의 방식으로 일할 수 있는 자유를 보장해주는지, 개인적 성취감을 고취시키는 도전의 기회가 열려 있는지, 자신의 미래비전을 존중해주고 자기계발의 기회를 제공해주는지가 직장을 선택할 때 고려하는 중요한 기준이다.

또한 자기주도적 성취를 중시하기 때문에 자율성과 자기실현의 가치를 추구하며 스트레스 상황이나 문제가 생겼을 때도 개인 중심적으로 해결하려는 경향이 많다.

성과사회 이전의 사회를 굳이 구분하여 명명하자면, 집단 중심, 결과 중심의 '노력사회'라고 할 수 있겠다. 집단 중심의 노력사회에서는 목적 중심의 집단인 기업과 조직에서도 가족주의에 근간을 둔 상호관계가 작동된다. 역할과 책임보다는 근속년수와 나이에 따라 관계 지향적이고 다소 온정적으로 운영되어온 것이 사실이다.

'노력사회'란 최선을 다해서 열심히 노력하면
결과가 자연스레 보장되는 사회를 말한다.

문제는 기본적으로 '노력'이 중시되다 보면, 결국 일의 결과를 기준으로 잘잘못을 판단하고 그에 따라 처우가 결정된다는 점이다. 그렇게 되면 서열 중심의 사회가 될 수밖에 없다.

그런데 서열 중심 사회의 밑바탕에 깔려 있는 것은, 바로 인간의 이기심이다. 결과에 이르는 과정과 사람을 중시하기보다는 최종 결과가 가치판단의 유일한 기준이기 때문에 배타적 경쟁사회가 되는 것이다. '너'보다는 '내가' 먼저 살겠다는 식이다. 이런 상태에서 사람은 자기 감시, 공포심, 경계심이 강해진다.

상대방이 잘못되어야 자신이 살아남는 메커니즘이 작용하는 배타적 경쟁사회에서는, 이기주의로 인해 우울증과 자기 착취가 만연해진다. 더 나은 자신이 되고 싶다며 직장을 떠나는 사람들이 공통적으로 말하는 퇴사 이유는, '복종과 경쟁'이 아닌 '존중과 성장'을 원하기 때문이라는 것이다.

성과사회는 개인의 품격과 자존심을 지켜준다

지금껏 우리나라 조직에서는 '명령과 복종'이 미덕이었다. 시키는 대로 잘하는 직원이 칭찬받았고, 직원들을 쥐락펴락하며 일을 잘 시키는 상사가 인정받았다. 그래서 성과를 내기 위한 실행방법을 결정하는 주도권은 언제나 상위 조직이나 상사에게 집중되어 있었다. 실무자는 위에서 시키는 대로 일을 실행하기만 하면 되었기 때문에 실행전략이나 실행방법을 결정하는 과정에 참여하지 못했다.

이렇게 결정권도, 주도권도 없이 복종의 자세만 훈련받아온 이들에게, 어느 날 갑자기 주인의식을 갖고 창의적으로, 혁신적으로 일하라고 다그치니 그게 어떻게 가능하겠는가? 어쩌면 이것은 사회와 시대의 변화를 읽지 못하고 미리 대비하지 못한 리더들의 과오가 크다. 기술의 눈부신 발전은 이미 4차 산업혁명 시대를 이끌어가고 있지만, 조직의 제도와 시스템, 관리 스타일은 아직 2차 산업혁명 시대의 수준에 머물러 있는 것이 현실이다.

이렇듯 사회는 민주적 개인사회를 지향하고 있다. 하지만 조직이나 조직에 속한 일부 개인들은 아직 과거의 일하는 방식에 갇혀 민주적이지 못한 것이 현실이다. 인생의 주체자로서, 사회의 일원으로서 자신의 정당한 권리를 스스로 행사하지 못하고, 타인의 시선, 과거의 인식, 정해진 프레임에 갇혀서 자율성을 잃어버린 것이다.

종속되고 지배당하는 삶을 좋아하는 사람은 아무도 없다. 그럼에도 불구하고 사람들은 자신의 삶의 형태가 종속적인지 독립적인지 잘 모른 채 살아간다. 다시 말하지만 사람은 누구나 독립적이고 주체적인 삶을 원한다. 그렇다면 독립적이고 주체적인 삶을 살기 위해서 가장 중요한 것은 무엇일까? 자존심? 자신만의 인생철학? 돈? 친구? 크고 원대한 비전?

인생은 명제라기보다는 일상이다. 일상에서 소소한 일들을 처리할 때 그 일에 대한 통제권을 자신이 가지고 있느냐 그렇지 않느냐에 따라 삶을 대하는 마음가짐이 달라진다. 조직이 혹은 상사가 시켜서 하는 일이든, 자신이 알아서 하는 일이든, 독립적으로 일할 것인가 종속적으로 일할 것인가는 본인의 선택에 달려 있다.

민주주의란 국민이 국가의 주인으로서 국가 권력을 스스로 행사하는 정치 체제를 말한다. 우리는 이러한 사회 속에서 살고 있다. 스스로가 주인인 사회 말이다. 그런데 조직에 소속되면 자주적이기보다는 종속되려고 한다. 권리는 주장하면서 권리에 대한 책임을 지기 싫어한다거나, 일에 대한 자율권을 부여받아도 어떻게 스스로 주도적으로 일해야 하는지 제대로 알지 못한다.

집단의 깃발이 내려가고 개인의 깃발이 올라온다. 개인은 아직 제대로 기댈 수 있는 깃대가 없다. 여전히 많은 집단과 개인은 아직 눈치 채지 못하고 있다. 집단은 가고 개인이 오고 있다는 것을. 깃발은 깃대 없이 홀로 펄럭일 수 없다. 개인은 집단의 깃대를 버리기 싫다. 집단은 개인의 깃발이 못마땅하다. 집단은 개인을 품고 개인은 집단에 속하면서 그렇게 함께 깃발을 세워야 할 일이다. 그러기 위해서 집단은 개인의 울타리가 되고, 개인은 집단의 변혁자가 되어야 한다.

02 위아래도, 상명하복도 사라졌다

_중앙집권 시대에서 지방분권 시대로

우리나라는 해방 이후 1980년대까지 어려운 시기에 눈부신 고도성장을 이룩했다. 소위 '한강의 기적'은 부족한 자원을 한데 모아 중앙집권형 선택과 집중으로 일사분란하게 움직인 결과이기도 하다.

이렇듯 중앙집권형 행정방식과 경영방식은 위기에 빠진 국가 조직이나 기업이 가장 선호하는 방식이었고 결과도 훌륭했다. 의사결정 권한이 집단의 정점頂點 또는 중앙부에 집중되어 있어서 경제부흥, 산업건설, 사회혁신 등 근대화 작업을 추진하는 데 있어서 가장 효과적이었기 때문이다.

흔히 중앙집권 방식 하에서는, 중앙조직은 명령기관으로 행세하고 하위조직은 명령을 실행하는 기관으로서의 역할을 한다. 따라서 중앙과 지방은 상하관계이며 명령복종의 관계로 인식되기 때문에, 중앙과 지방의 대등한 관계라든가 협조적 관계는 기대하기 어렵다.

하지만 공유와 협력 구조를 강조하는 요즘 시대에는 중앙집권 조직의 경직성, 집권적, 권위적 행태가 장애요인으로 작용한다. 변화하는 시대와 상황에 적응하기 위해 지방분권으로 기조를 재구성함으로써 역할과 책임을 재조정할 필요성이 제기된 지는 꽤 오래 전부터였다.

그런데 이것은 국가 차원뿐만 아니라 기업이나 일반 조직에도 동일하게 적용된다. 본사와 현장, 상위조직과 하위조직, 사업본부와 고객접점, 본사와 대리점…, 조직 앞에 '지방'이라는 명칭이 붙는 지역본부, 지방청 등 본사의 개념이 아직도 많은 조직에서 사용되고 있는 것이 현실이다. 본사는 기획하고 현장은 실행하는 데 집중한다. 본사가 지침을 내리면 현장은 지시한 대로 실행하는 구조다.

생산자와 소비자의 관계가 변화했고, 과학기술이 놀랍도록 발달했으며, 정보통신기술의 발달로 인해 업무환경과 근무형태도 급속히 변화하고 있다. 과거에는 지금보다 상대적으로 정형화된 업무가 많았으므로 매뉴얼이나 가이드, 본사나 상사의 지시에 따르면 일을 처리하는 데 큰 문제가 없었다.

그러나 지금은 지역마다 업무환경과 시장환경이 다르고 수요자들의 요구사항이 까다롭고 다양하고 복잡해졌다. 때문에 획일적인 지침이나 기준으로는 다양한 이해관계자들을 모두 만족시킬 수가 없다. 고객접점에 있는 현장 담당자의 판단에 따라 유연하게 대처해야 한다는 것이다. 단순하고 반복적인 업무들은 이미 많은 부분이 자동화되거나 시스템화되어 있어 기계가 처리하거나 아웃소싱을 하는 추세다.

또한 개인의 자율에 기반을 둔 스마트워크smart work 같은 새로운 근무환경이 속속 도입되고 있다. 그 결과 현상을 분석하고 문제점을 찾아내 개선하고 변화를 이끌어내는 기획성 업무가 점차 늘어나고 있다. 때문에 지시나

규정에 따르는 수동적 형태의 업무방식보다는 현장조직과 구성원 스스로가 자율적이고 능동적으로 움직이는 업무방식이 더욱 절실해졌다.

직접 업무를 실행하는 실행조직과 실무자가, 업무와 관련된 고객의 요구사항이나 현장상황을 가장 잘 안다. 성과창출을 위해서는 조직 전체적으로는 팀 조직이 그리고 팀 내에서는 실무 담당자가 일에 대한 주도권을 가지고 자기완결적으로 일해야 한다. 자신의 역할을 주도적으로 결정하고 수행하면서 책임을 완수하고, 일상적인 관리감독 없이도 지속적으로 성과를 창출하는 사람이 진정한 자기완결적 인격체다. 누가 보든 안 보든 최고의 성과를 내야겠다는 마음가짐으로 정진하고, 새로운 도전을 위해 중도에 포기하지 않고 끝까지 자신을 단련시키는 자기완결형 삶을 추구해야 한다.

집권과 분권의 개념은 한 조직 내에서 권한의 집중과 위임의 문제로 이어진다. 이 시대가 가고자 하는 성과주의 기조에서는, 지방분권, 현장중심, 실행조직과 실무자 중심의 권한위임이 기본 바탕이 된다. 성과주의는 결과 지상주의가 아니다. 일하는 방식과 의사결정 방식을, 지시하는 사람이 아닌 실행하는 사람 중심으로 가져가자는 역할혁신, 업무 프로세스의 혁신이기 때문이다. 결국 실무자가 주도적으로 성과를 창출하고 거기에서 나온 공功과 과過를 모두 가져가는 메커니즘이다.

03

분업과 전문화는 가고
콜라보와 플랫폼이 왔다

_분업의 시대에서 협업의 시대로

조직의 업무성과는 조직구조와 운영형태에 따라 영향을 받는다. 그만큼 조직의 목표와 업무성격, 그리고 구성원의 특성에 부합하도록 조직을 잘 설계하고 탄력적으로 운영하는 것이 성과를 극대화하는 데 매우 중요하다.

2차 산업혁명의 결과로, 생산 시스템의 분업화와 대형화가 급속도로 진행되었다. 에너지를 좀 더 효율적으로 저장하고 활용할 수 있는 수단으로서 전기가 등장하고 보급되자, 생산 시스템의 분업화와 대형화는 점점 더 체계적으로 발전하게 되었다.

사실 '분업'은 애덤 스미스의 《국부론》에 등장하는 주요 명제 중 하나였다. 즉, 분업을 통해 생산성이 향상되며 그것이 부의 증대로 이어진다는 것이다. 우리는 분업 방식으로 일하는 것이 당연한 것 아닌가 생각하지만 분업의 역사는 불과 200년밖에 되지 않았다. 산업혁명은 분업이라는 생산방식을 채택하면서 꽃피울 수 있었다. 그 완결판이 '컨베이어 시스템'이다. '공장' 하면 곧바로 떠오르기도 하는데, 이것은 공정이 순차적으로 흘러가면서 작업하는 방식을 말한다.

조직에서의 분업의 모습은 '업무분장'에서 찾아볼 수 있다. 업무분장의 기본적인 전제조건은, 조직별·개인별로 분장한 일만 열심히 하면 조직 전체의 성과는 자연스레 창출된다는 것이다. 불과 10여 년 전만 하더라도 건설업이나 IT 업종, 컨설팅 분야 정도에서 협업의 전형인 '프로젝트 조직'이 활성화되어 있었다.

하지만 지금은 거의 모든 조직에서 전통적인 조직의 개념인 팀이나 사업본부와 같은 기능 중심의 조직형태보다 프로젝트 조직 중심으로 일이 진행되고 '프로젝트 매니저Project Manager'의 리더십이 매우 중요해졌다. 일부 기업에서는 팀장, 그룹장이라는 호칭보다 프로젝트 리더 Project Leader, 즉 PL이라는 호칭이 더 자연스럽게 사용된다.

조직의 업무수행 방식으로서 분업화된 구조가 항상 제일 좋은 방식이라 평가받지는 못한다. 경영환경의 변화가 극심하고 조직이 기능별로 나누어져 있을 때, 만약 부서들 간의 협조가 원활하지 않으면 신속하고 적절하게 대응하기가 쉽지 않기 때문이다. 효율이 높아지길 기대했겠지만, 소통이 안 되면 오히려 조직이 둔해지고 무거워진다.

또한 분업화와 전문화로 인한 단점이 나타나기 시작했다. 구성원들이 자신이 맡은 특정 업무만을 지속적으로 반복하여 수행하게 되면서 할당된 업무에는 능숙해지는 반면 업무 전체를 보지 못하게 된다. 그 결과 개인들이 업무 전체와 미래를 멀리 넓게 조망하는 기획역량이 저하되고, 스스로 소모품처럼 사용되는 듯한 느낌에 의욕이 떨어지고 피로감이 높아진다.

게다가 미리 정해진 규정과 원칙, 위임전결에 따라야 하고 상사가 일방적으로 업무를 지시하고 업무진행 과정과 결과를 보고해야 하기 때문에 수직적 관계에 불만족을 느끼기도 쉽다. 이것은 전반적인 조직 경쟁력 저하로 연결된다.

이제는 분업이 아니라 협업의 시대다

협업協業이란, 무엇일까? 말 그대로 무언가를 생산하기 위해 누군가와 협력을 하는 행위다. 성과사회에서의 협업은 좀 더 나아가는 개념이다. 협업을 통해 성과를 창출하는 것을 말한다. 협력을 했을 때 반드시 결과물이 있어야 협업이지 결과물이 없는 협업은 협업이 아니다.

분업이 순차적인 것이라 한다면 협업은 동시간적 융합이다. 기업이 문을 걸어 잠그고 혼자서 모든 것을 만드는 것이 아니라 자신의 핵심역량에 집중하면서 다른 경제 주체들이 만들어낸 모듈과 융합하는 오픈 이노베이션이 필요한 것이다. '콜라보collaboration'라든지 '플랫폼 비즈니스platform business'라는 용어가 자주 쓰이는 것이 이러한 트렌드를 반영한다.

결합과 통합을 통해 새로운 가치를 만들어야 하는 4차 산업혁명 시대에는, 개별 기업들은 물론이고 개인들의 활동원칙도 달라져야 한다. 분업화와 전문화 대신 지역 간, 산업 간, 기술 간, 기업 간 그리고 부서 간 수평적 경계를 무너뜨리는 노력과 개별 부서 내에서도 상하 간의 수직적 경계를 없애는 혁신적인 융합과 통섭의 원칙이 필요하기 때문이다.

조직생활은 곧 협업의 다른 말이기도 하다. 조직에 속한 사람은 직책별·기능별·기간별로 역할과 책임이 주어져 있고, 각자의 역할과 책임을 다해야 협업이 완성될 수 있다. 자신이 하고 싶은 일을 하는 것이 아니라, 조직에 기여하기 위해 '해야 할 일을 해야만 하는' 이유다.

04

관리자는 가고 누구나 경영자가 된다

_상사의 시대에서 리더의 시대로

퇴직면담 자리에서는 공부를 더 하고 싶거나, 연봉을 더 받고 싶어서 이직한다고들 말하지만, 실제로는 같이 일하는 상사 때문에 그만두고 나가는 경우가 다반사다. 직장생활을 좌우하는 가장 중요한 변수는 다름 아닌 직속상사. 비단 우리나라만의 문제는 아니다. 미국, 일본 등 많은 나라의 직장인들이 첫 번째로 꼽는 이직 사유가 바로 상사다. 회사의 네임밸류나 업무환경, 복지제도 등과 같은 하드웨어적인 요소를 보고 입사했으나, 직속상사의 리더십에 혹은 조직문화에 적응하지 못해서 많은 사람들이 회사를 떠난다.

요즘은 '상사'와 '리더'를 혼용해서 쓰기도 하는데, 나쁜 상사는 직급이 높을 뿐 리더라고 부를 수 없다. 상사와 리더는 의미가 전혀 다르기 때문이다. 말의 태생과 의미는 물론이고 역할 측면에서도 둘은 큰 차이가 있다.

상사란 수직적·위계적 구조의 조직에서 나보다 계급적으로 윗사람을 지칭한다. 상사는 권한을 기반으로 의사결정하며 명령과 지시를 내린다. 그러면 '부하직원subordinate'들에게는 실행의 몫이 주어진다. 그 과정에서 조직 내부의 권한이 상사에게 집중된다.

그런데 때때로 상사가 부하직원에 대한 통제력과 장악력을 키우기 위해 자신의 경험과 지식, 방법이 옳다고 고집을 부리거나 강하게 주장하는 경우가 있다. 이때 자신의 주장을 관철시키는 과정에서 부하직원들로 하여금 수치심·두려움·실망감·환멸 등 감정노동의 한계를 견디게 하는 압박도 하는데, 이게 갈등의 원인이 된다.

같이 일하는 구성원들은 나를 위해 존재하는 부품도, 나의 졸병도 아니다. 나의 감정적 스트레스를 풀기 위한 분풀이 대상도 아니다. 나보다 나이가 어리다고, 근무경력이 짧다고, 성격이 유순해 보인다고 해서 나보다 못한 사람도 아니며, 내가 막 대할 수 있는 사람도 아니다.

반면 리더는 '구성원associate'들을 동기부여하는 사람이다. 구성원들은 수평적이고 대등한 조직구조와 관계를 기반으로 역할과 책임을 수행한다. 리더는 그러한 구성원 개개인의 전략과 방법을 존중해주며, 실행방법 선택에 대한 의사결정을 위임한다. 프로젝트에 따라 어떤 경우에는 동료나 후배가 나의 리더가 될 수도 있다.

수평적인 조직에서는 명령에 복종하는 수동적인 구성원은 필요 없다. 조직이 원하는 인재가 아니다. 각자의 역할과 책임을 이해시키고, 어떤 일을 해야 할 것인지를 공유하고 협의하는 과정을 리더가 이끌어간다.

팀의 성과가 나지 않는 이유에 대해 대부분의 상사들은 '너무 도전적인 목표라서', '통제할 수 없는 외부환경 때문에', '부하직원들의 역량이 부족해서'라고 답한다. 문제의 원인을 자신을 제외한 내·외부 환경의 탓으로 돌린다.

하지만 구성원들이 자신의 일에 몰입하지 못하고 생산성이 낮은 이유는, 구태의연한 경영방식과 비효율적인 업무방식 때문인 경우가 많다. 그럴 때 많은 조직들이 개인별 보상차등을 강화하고, 고용의 유연성을 제고하며, 업무를 표준화시키는 활동 등을 벌인다. 하지만 이러한 활동들은 근본적인 해결책이 아니어서 별로 효과가 없다. 구성원을 동기부여라는 이름으로 통제하고 조직의 목적달성을 위한 자원resource으로 보는 관점에 기반을 두고 있기 때문에 일에 대한 몰입과 조직에 대한 헌신을 구성원으로부터 이끌어내지는 못한다.

조직의 관점에서 가장 먼저 변화하고 혁신해야 할 대상은, 간접비를 유발시키는 핵심요소다. 그중에서도 가장 심각하게 간접비를 유발시키는 것이 무엇일까? 바로 '상사'다. 상사가 직접 해야 할 일을 부하직원에게 떠넘기고, 애매모호한 방임과 끊임없는 회의를 일삼는 것, 결재에 기반을 둔 지시와 질책 위주로 관리·통제하는 업무문화는 가장 시급하게 청산해야 할 부분이다.

조직은 생명을 갖고 있는 하나의 유기체와 같아서 시장의 변화 속도와 규모에 맞춰 끊임없이 변신해야 한다. 과거 고도성장했던 산업화 시대에서는 상사가 필요했으나, 산업화가 성숙되고 저성장·저수익 모델로 시장구조가 바뀐 이 시대에는 리더가 필요하다. 무엇보다도 조직 활동의 대부분이 의사소통을 기반으로 이뤄지기 때문에 조직 내에서 어떠한 관점으로 서로를 바라보고 대화하느냐는 매우 중요한 문제다. 서로 간의 관계인식이 부족하면 조직의 효과성은 낮아질 수밖에 없다.

상사는 리더로, 관리자는 경영자로

세상은 상사의 시대에서 리더의 시대로 변화했다. 관리하는 위치에 있는 리더들의 역할도 '관리자'에서 '경영자'로 역할이 바뀌어야 한다. 소프트웨어가 업데이트되면 사용법을 새로 익혀야 하듯이, 구성원을 이해하고 이들이 역량을 잘 발휘할 방법을 고민해 실천해야 한다.

상사로부터 감시당하고 통제당하며 질책받는 구성원들은 조직에서 자신이 가진 최대의 역량을 발휘하기 힘들다. 성과창출에 큰 영향이 없는 한 구성원들에게 '안전한 실험실'을 적극적으로 용인하고, 더 많은 권한과 책임을 주며 '마음껏 실험해보도록' 하는 게 리더의 역할이다.

그동안 조직 내에서 왜 지시하고 통제하는 문화가 지속되어온 것일까? 경영환경과 조직의 경직된 구조 때문이었다. 과거에는 상사가 일방적으로 일을 지시하고 실무자는 기계처럼 시키는 대로 일만 했다. 그러면 그에 비례해서 실적이 났고 아무 문제가 없었다. 그때는 생산자 중심의 고도성장 환경이었고, 상사의 경험과 지식이 핵심 경쟁력인 업무구조였다. 그러니 그때는 상사 중심으로 조직이 운영될 수밖에 없었다. 그래서 개인의 자율성이 상실되고 스스로 사고할 수 없어져 직장인들 대부분은 상사의 의사결정에 의존했다.

일을 실행하는 당사자의 변화도 중요하겠지만, 일을 시키는 사람의 역할이 먼저 바뀌지 않으면 개인은 한계에 부딪힌다. 구성원들에게 책임감·자신감·기대감을 부여하고 스스로 일할 수 있는 환경을 만들어주는 것이 앞으로 요구되는 리더의 역할이다.

그런 의미에서 이미 조직에서 '티칭'이 아니라 '코칭'이 더욱 활발해지고 있다. '티칭'은 리더의 경험과 지식을 구성원에게 '가르치는' 것이고, 코칭은 구성원이 책임져야 할 성과를 잘 창출할 수 있도록 리더로부터 '자극받는' 것이다. 이제 개인은 누가 가르쳐주는 대로, 시키는 대로 일하는 것이 아니라, 리더로부터 적절히 자극을 받으면서 자신이 세운 성과목표를 달성하기 위한 자기주도적 실행주체로 변신하고 있다.

Part 2.

성과사회로 가는 길을 가로막는 적敵들

성과의 개념을 오해하고 있는 사람들은, 성과라는 말을 들어도 숨이 턱턱 막힌다고 한탄한다. 이런 경우 보통은 '성과'와 '결과'를 혼동하는 데서 비롯된 오해다. '성과' 하면 제일 먼저 이익, 숫자, 순위, 등수 등이 떠오른다면 '성과'를 제대로 이해하지 못하고 있는 것이다.

의미상으로는 '실적'이거나 '결과'인데도 우리가 '성과'로 포장해 부르는 경우가 많다. 지나치게 실적만 중시한 나머지 1등부터 꼴찌까지 일렬로 늘어놓는 순위경쟁 시스템을 '성과주의'라는 말로 미화시키거나 단어를 오용한 것이다. 그 결과 조직에서 '성과'라는 것이 서열화, 등급화를 통한 단기적인 업적평가 기준 정도에 그쳤고, 결과적으로는 실적 지향적인 조직문화가 조장되었다.

05 당신이 야근하며 만든 것은 '성과'가 아니라 '실적'

우리나라 기업은 후진적인 기업문화 때문에 골병이 들어 있다는 지적이 많다. 상사의 지시에 "아니오!"라고 말하지 못하는 불통문화, 다단계식 관리문화, 합리적이지 못한 평가 시스템 등등…. 그중에서도 가장 큰 문제는 '습관화된 야근문화'다. 심지어 아이들에게 직장인 하면 떠오르는 단어를 물어보니 '야근'이라고 답했을 정도다.

대한민국의 직장인들은 주5일 중 평균 2~3일을 야근한다. 우리나라 기업들이 농업적 근면성과 고도성장 시대의 생산성을 구성원 평가의 바로미터로 삼으면서 '야근이 곧 성실'이라는 악습이 자리 잡았다. 야근을 밥 먹듯이 하고, 상사 눈치가 보여 휴가도 못 가는 문화에서 생산성이 오를 리도, 창의성이 나올 리도 없다.

한국인의 연평균 노동시간은 2,057시간으로 전 세계에서 3위다. 하지만 시간당 노동생산성은 2015년 OECD 35개국 중 28위에 머무르고 있다. 한국인은 1시간 일하면 평균 3만 5,000원 가량을 버는데, 이는 OECD 평균 노동생산성의 68% 수준이다. 대한상공회의소의 조사에서도 상습적 야근자의 업무생산성(45%)이 일반 직장인(57%)보다 떨어지는 '야근의 역설'이 확인됐다.

야근은 직장인들에게 성과를 내지 못하게 하는 걸림돌이면서 또한 성과에 대해 오해하게 만드는 가장 큰 적이다. 업무에 많은 시간을 투자하는 직장인들은, 자신이 만들어낸 결과물의 '품질quality'에 대비한 임금이 아닌, 투입한 시간의 '양quantity'에 비례하는 임금을 받고 싶어 한다. 야근과 연장근로에 대한 보상을 원하는 것이다. 잘못된 업무습관으로 인해 야근을 많이 했거나 근속년수가 높으면 당연히 높은 연봉을 받아야 한다고 생각하는데,

그런 상황이 충족되지 않는 경우 직장에 섭섭해한다. 한마디로 열심히 노력하고 고생했으니 그 점을 인정해주고 대가를 지급하라는 것이다.

하지만 연봉은 내가 한 일의 결과물이 얼마만한 가치를 가졌는가를 기준으로 정해지는 것이다. 그래서 연봉 협상은 내가 한 일의 가치를 증명하는 일이다. 자리에 얼마나 오래 앉아 있었느냐를 보여주는 게 아니라는 뜻이다. 사실상 이런 의미에서 업무투입 시간과 근속년수에 따라 임금이 결정되는 메커니즘이 아닌, 업무성과에 따라 임금이 결정되는 성과연봉제가 반드시 필요하다.

하지만 성과연봉제를 제대로 적용시키기 위해서는 먼저 해결해야 할 과제가 있다. 일단 합리적인 근로계약 시스템이 작동해야 하고, 공정한 평가 시스템이 마련되어 있어야 한다. 그리고 그것을 바탕으로 평가 기준에 대해 사전에 합의해야 한다. 또한 업무를 진행할 담당자에게 실질적인 권한을 위임하는 과정도 선행되어야 한다.

성과연봉제는 여전히 많은 오해와 논란을 불러일으

키고 있다. 반대하는 사람들은 성과연봉제를 저성과자에 대한 구조조정의 수단으로만 인식하고 있다. 물론 아직까지 많은 조직에서 전반적인 평가를 포함한 성과관리 시스템 자체가 그다지 투명하고 공정하고 합리적으로 작동하지 않기 때문에 그렇게 생각할 수도 있을 것이다.

그래서 노력 중심이 아닌 성과 중심으로 제대로 평가하고 보상하기 위해서는 자체적으로 많은 혁신적인 아이디어들을 생각해내고 끊임없이 시도해봐야 한다. 남이 만든 제도와 시스템만 도입해 무늬만 그럴듯하게 갖췄다고 해서 하루아침에 우리 회사의 조직문화나 분위기, 업무 스타일이 성과 중심으로 바뀌는 것은 아니다.

성과연봉제를 도입하려는 본질적인 목적이 무엇인지, 그것을 통해 우리 직장의 일하는 문화를 어떻게 혁신시켜야 하는지, 그러기 위해서 리더와 구성원들이 어떻게 역할행동을 혁신해야 하는지 등을 전반적으로 따져봐야 한다.

시간이 좀 걸리더라도 장기적인 관점을 가지고 지속성 있게 추진해 나가야 할 중요하고도 핵심적인 과제가 바로 성과 중심의 평가와 보상 메커니즘이다. 성과창출 원리에 대해 제대로 이해하지 못한 채, 앞에서 말한 여러 전제조건이 갖춰지지 않은 채로 결과주의에 기반을 둔 서열적 성과연봉제를 실시한다면 이것은 구성원들의 의욕과 창의성을 틀어막고 스트레스만 더 키우게 된다.

왜 '실적'이나 '결과'를 '성과'로 포장해 미화하는가?

성과의 개념을 오해하고 있는 사람들은, 성과라는 말을 들어도 숨이 턱턱 막힌다고 한탄한다. 이런 경우 보통은 '성과'와 '결과'를 혼동하는 데서 비롯된 오해다. '성과'라는 단어를 들었을 때 제일 먼저 이익, 숫자, 순위, 등수 등이 떠오른다면 '성과'를 제대로 이해하지 못하고 있는 것이다.

의미상으로는 '실적'이거나 '결과'인데도 우리가 '성과'로 포장해 부르는 경우가 많다. 지나치게 실적만 중시한 나머지 1등부터 꼴찌까지 일렬로 늘어놓는 순위경쟁 시스템을 '성과주의'라는 말로 미화시키거나 단어를 오용한 것이다. 그 결과 조직에서 '성과'라는 것이 서열화, 등급화를 통한 단기적인 업적평가 기준 정도에 그쳤고, 결과적으로는 실적 지향적인 조직문화가 조장되었다.

우리나라와 미국을 비교해보자. 두 나라 모두 그동안 결과에 대한 책임에 바탕을 둔 '결과사회'의 모습이었다. 하지만 실행하는 과정이 달랐다. 미국의 결과주의는 실행하는 방법이나 과정에 대해서는 간섭하지 않았다. 다만 실행하는 사람이 전적으로 결과에 대해 책임을 지는 권한위임 방식이다. 실무자의 의견과 결정을 실질적으로 존중해주고 그 결과에 대한 평가를 철저히 하여 책임을 묻는 시스템이다.

반면 우리나라의 결과주의는 일의 결과는 실행하는 사람이 책임지되 실행하는 과정과 방법에 대해서는 스스로 결정할 수 없다. 업무진행 과정에 대해서는 의사결정 권한이 있는 상사의 의견을 품의와 결재라는 과정을 통해 일할 때마다 하나씩 하나씩 일일이 허락받아야 한다. 하지만 결과에 대한 책임은 실행하는 사람이 진다. 실행 방법을 결정하고 지시한 사람이 상사라면, 실무자에게는 지시한 방법대로 했는지에 대한 실행책임만 물어야 하는 것 아닌가? 실무자에게는 결과에 대해서 책임을 묻지 말아야 하는데 현실은 그렇지가 않다.

대다수의 국내 기업들은, 고객접점 중심의 현장자율책임경영 시스템을 제대로 작동시키지 못하고 여전히 본사, 상사 중심의 지시통제 시스템을 유지해오고 있는 것이 현실이다. 우리 기업을 둘러싸고 있는 외부환경은 이미 고객 중심으로 변했는데, 내부의 일하는 문화는 아직도 과거 공급자 중심의 시각에서 벗어나지 못한 것이다.

이렇듯 본질적인 문제를 해결하지 않고 너도나도 성과주의 경영혁신 기법들을 적용하다 보니 부작용만 발생한다. 성과주의에 대한 근본적인 이해 없이 형식만 빌려왔기 때문이다.

그러다 보니 대부분의 조직에서는 성과주의를 '성과급주의'나 '결과주의', '서열적 경쟁주의'로 잘못 해석한다. 업무를 실행하는 과정은 상사 중심의 지시통제 방식에 따라 진행하고, 업무수행 결과에 대해서는 업무를 담당한 실무자가 책임지는 데다, 차등적 평가보상 시스템으로 결과에 따라 처우가 달라지는 시스템이다. 이는 무늬만 성과주의지 실질적으로는 상사 중심의 지시통제 방식에 기반을 둔 결과주의 시스템이다.

성과에 따른 성과급제가 실질적인 효과가 있으려면,

업무의 실행과정에 대한 의사결정이 위임delegation된 진정한 성과주의를 바탕으로 설계된 사람 중심의 성과연봉제가 도입되어야 한다.

먼저 조직과 개인 차원에서 성과주의의 개념과 필요성, 그리고 본질과 전제조건에 대해 제대로 이해해야 한다. 그러한 선행과정 없이 형식과 제도, 시스템만 들여와 밀어붙인다면, 조직도 개인도 가짜 성과에 시달리며 하루하루를 피곤하게 살아가는 고통과 비효율에 빠질 뿐이다.

06

책임도 내가 지고 영광도 내가 누린다

많은 직장인들이 매일 야근을 하는 이유는 무엇일까? 집에 가도 별로 할 일이 없어서? 당연히 아닐 것이다. 상사가 퇴근을 안 해서? 그것도 아닐 것이다. 솔직히 말하면, 회사마다 다르겠지만, 요즘은 그런 분위기가 아니지 않은가? 그런데 왜 맨날 야근인가? 나름대로 뭔가 열심히 해보겠다고 야근을 하는 것이 아닌가? 그렇다면 그 '뭔가'가 '성과'인가, '뻘짓'인가?

곰곰이 따져보면 성과를 위한 것이 아니라 어떤 형태로든 결과를 내기 위한 것이 아닌지 냉정하게 따져봐야 한다. 소위 '실적'을 올리기 위해서 야근을 하는 것이 아니냐는 말이다. 성과를 내려고 한 일인데 실은 성과를 위해 시간을 투자한 것이 아니라, 그냥 일만 열심히 했다.

성과·실적·결과 중에서 무엇을 목적으로 정하느냐에 따라 일의 과정은 달라진다. 때문에 이 세 단어의 의미를 정확히 파악해야 일에 대한 만족도도 높아진다. 실적과 결과는 성과와 닮은꼴이기는 하나, 의미는 확연히 다르다.

목적이나 목표와 상관없이 마무리된 일은 '결과'
열심히 노력한 정도를 계량화한 것은 '실적'
의도한 전략과 방법대로 목적과 목표를 달성한 결과물이 '성과'

성과란 의도한 결과물이 이루어진 상태, 목표한 결과물이 이루어진 상태를 말한다. '의도한 결과물'이란 일을 시작하기 전에 기대하는 결과물, 즉 일이 완료되었을 때 '이렇게 되었으면 좋겠다.'라고 생각하는 기대결과물의 모습이다. 그래서 성과에는 가치지향적인 기준이 반드시 포함되어야 한다.

단순히 일 자체를 열심히 하여 정해진 기간 내에 일

을 끝내는 것이 능사가 아니라 일을 완료한 결과물이 부가가치added value를 창출한 상태여야 한다. '부가가치'를 보통은 '이익'이라고 한다. CEO나 리더들이 구성원들에게 "어떤 일을 하든지 항상 이익 중심으로 생각하고 행동하라."고 말하는 이익개념이 바로 "무슨 일을 하든지 부가가치를 창출하라."는 의미다.

그렇다면 '이익'이란 무엇일까? '이익'의 사전적 의미를 찾아보면 '물질적으로나 정신으로 보탬이 되는 것'이라고 나와 있다. '이로운 것을 더하는 것', 즉 '부가가치'의 의미로 해석할 수 있다. 성과란 일을 했을 때 그 결과물이 2차적으로 사용되거나, 그것을 필요로 하는 어느 곳에 보탬이 되어야 한다는 뜻을 내포하고 있다. 일 자체의 결과물만 생각할 것이 아니라 결과물이 창출된 다음에 어디에 쓰일지를 생각하고, 결과물이 갖춰야 할 모습을 구체적인 기준으로 정해야 한다는 뜻이다.

'상사가 하라는 대로' 해도 되는 일은 이제 없다

지금까지 우리 사회는 어떤 일을 하든지 노력과 과정

을 중요하게 평가해왔다. 그리고 그것을 곧 성과라고 인식했다. 성실하게 했는지, 열심히 했는지, 윗사람이 지시한 대로 수행했는지가 평가의 기준이었다. 때문에 수동적으로 일해도 '실적 내는 사람'이 될 수 있었다. 누군가에 의해 모든 것이 결정되고 자신은 실행만 하면 되었기 때문에, 일의 결과물이 형편없더라도 그것에 대해 질책은 받을지언정 제대로 된 책임의식은 없었다. 반성도, 죄책감도 내 몫이 아니었다. '나는 상사가 하라는 대로 했을 뿐이야.'라고 생각해버리면 그만이기 때문이다. 설사 연봉이나 성과급에 일의 결과가 영향을 미쳐도 그것을 일에 대한 책임이라고 생각하기보다는 제도적인 모순이라고 생각하는 경향이 짙다.

하지만 이제는 시대가 변했다. 일하는 환경이 변함에 따라 성과의 의미도 달라졌다. 성과가 났다고 말할 수 있는 조건은, 실행하는 당사자가 스스로 전략과 방법을 고민해서 원하는 결과물을 만들어냈을 때다. 때문에 성과는 타인이 대신 책임져줄 수 없다.

진정한 성과주의는 무슨 일을 하기 전에 '원하는 결

과물', '일의 목적', '책임져야 할 것'을 명확하게, 구체적으로 정하고 실행전략이나 방법은 당사자가 결정하여 자기완결적으로 실행한 후에 창출한 성과만큼 평가받고 처우받는 메커니즘을 말한다. 실행하는 과정과 방법에 대해서는 상위조직이나 상사가 간섭하거나 지시하지 않으며, 실행 당사자 또한 타인에게 방법이나 전략에 대해 의존하지 않는다.

이제 성과의 메커니즘을 정확하게 알고, 실행하는 당사자가 실행과정과 방법에 대한 의사결정을 직접 해야 하는 시대다. 우리가 살아가는 환경이 '결과 중심의 노력사회'가 아닌 '사람 중심의 성과사회'로 변해가고 있기 때문이다.

'노력사회'에서는 노력에 대한 보상을 해주었기 때문에 윗사람 말만 잘 듣고 성실하게 이행하면 문제가 없었다. 하지만 지금은 결과물에 따라 보상을 다르게 주는 성과사회이기 때문에, 결과물을 실행하는 방법에 대한 의사결정도 스스로 해야 한다. 물론 내가 만들어낸 결과물에 대해서 책임도 내가 지고, 영광도 내가 누려야 한다.

조직에 속한 사람만 그런 것이 아니다. 앞으로는 어디에서 어떤 일을 하든지, 누구나 자신이 만들어낸 결과물에 대해 자신이 책임지는 사회에서 살아가게 되었다.

특히 조직에서는 앞으로 더더욱 실무자인 개개인이 성과 주체가 되어야 한다. 일하는 환경이 복잡해지고 전문화되고 세분화되어서 다른 사람이 실행방법을 대신 의사결정해줄 수도 없고 실행 역시 남이 대신해줄 수 없기 때문이다. 사용하는 프로그램·절차·고객환경·트렌드 등 그 무엇 하나 변화하지 않은 것이 없다. 그리고 어떤 업종이든 고객 접점에서 일하는 현장 실무자가 그 일을 가장 잘 안다.

또한 3차 산업혁명으로 정보화 사회를 거치면서 개인은 정보에 접근하기가 용이해졌다. 일할 때 상사가 주는 정보보다 더 많은 정보가 인터넷과 사내 인트라넷에 있다. 그리고 젊은 사람들은 상사들보다 자료를 찾는 역량이 좋아서 상사가 원하는 정보를 단박에 찾아낼 수도 있다.

점점 상사에게 의지하지 않고 스스로 정보를 찾을 수 있는 역량이 커지고, 개인에게 일에 대한 자율성과 어느 정도의 권한이 부여되는 추세다. 개인들이 가진 삶에 대한 욕구 또한 변화하고 있다. 어느 한곳에 속박되길 싫어하며 자율성을 보장받길 원한다. 일하는 환경도, 개인의 욕구도, 그리고 고객들도 모두 바뀌었다. 이 모든 변화는 결과 중심의 노력사회가 아닌 사람 중심의 성과사회로의 이동을 강력하게 원하고 있다.

사람을 성장하게 만들고, 스스로 일을 찾아서 하게 하며, 성취감을 고취시키는 것이 진짜 성과다. 내가 하는 일이 그렇지 않다면, 가짜 성과를 만들어내느라 아까운 시간과 에너지를 쏟아붓고 있지는 않은지 돌이켜 생각해 볼 일이다.

07

'칼퇴근'도 맞지만 '정시퇴근'도 맞다

현재 우리 사회는 다양한 세대가 서로 어울려 살아가고 있는 형태다. 베이비붐세대, 486세대, X세대, Y세대 등 다양한 명칭으로 세대를 나누기도 하는데, '현재 사회를 이끌어 가는 나이가 든 세대'라는 사전적인 의미로 따지자면, 베이비붐세대와 486세대, X세대 등을 기성세대로 볼 수 있을 것이다. 그 후 Y세대에 이어 '밀레니얼세대'가 등장하는데, 밀레니얼세대는 1980년대 초반부터 2000년대 초반에 태어난 사람들을 일컫는다. 요즘 직장에서는 주로 신입사원에서 대리급 정도까지를 밀레니얼세대라 볼 수 있다.

기성세대는 생산성이 남다르다. 공급보다 수요가 절대적으로 많은 시대에 살았기 때문에 무슨 일이든지 열심히만 하면 마음먹은 대로 결과가 나오는 것을 경험했다. 어떤 일이라도 꾹 참고 꾸준히 하기만 하면 원하는 결과물을 얻을 수 있었기 때문에, 특히 성실하고 인내심이 많은 사람이 좋은 대우를 받았다.

또한 먹고사는 것이 지상 최대의 문제였기 때문에 악착같이 일하고 열심히 벌어서 남들보다 잘살고자 하는 욕망이 컸다. 그러다 보니 경쟁메커니즘과 1등 지상주의에 자의든 타의든 내몰릴 수밖에 없었고, 결과적으로 삶에 대한 인문학적 물음을 던지거나, 인간답게 살고 이웃과 더불어 사는 것에 관해 고민하고 실천할 여유는 다소 부족한 편이었다. 늘 일을 통해 온 가족을 먹여 살리고, 오로지 일로서만 인정받은 기성세대들은, 한마디로 '일이 인생의 전부'였다. 그러니 직장을 위해서라면 어떠한 희생도 마다하지 않는 것이 당연했다.

한편, 밀레니얼세대는 현재의 저성장 사회는 물론 앞으로의 시대를 이끌어 나갈 세대의 주역이다. 밀레니얼세대가 사회를 본격적으로 경험하게 되는 2000년대부터 우리 사회는 글로벌 경제에 편입하게 되었고 시장은 공급과잉 상태가 점점 심해졌다. 또한 인터넷과 SNS의 폭발적인 성장과 진화 덕분에 커뮤니케이션의 형태가 다양해졌고, 과거에는 생각지도 못했던 분야에서 새로운 사업의 기회가 창출되었다.

특히 수요는 일정한데 공급이 과잉상태이다 보니 기성세대가 과거에 경험했던 고도의 경제성장률이나 높은 생산성은 실현하기 어려운 구조가 되었다. 예전에는 1의 노력을 하면 1 이상의 결과를 얻었지만, 이제는 2 이상의 노력을 하더라도 예전만큼의 결과를 얻어내기가 어려운 상황이다.

어떤 일을 해도 노력에 비해 상대적으로 실망스러운 결과물을 얻게 된다면 어떻게 대처하게 될까? 당연히 한 가지 일에 올인하지 않고 다양한 옵션을 둔다. 밀레니얼 세대가 그렇다. 관심사도 많고 다재다능하며 자기계발도 다양하게 하지만, 한 직장에 오래 머물 생각은 별로 없다. 기성세대 중에 한 분야를 깊이 판 스페셜리스트가 많다면, 밀레니얼세대는 이것저것 다양하게 할 줄 아는 멀티플레이어가 많다.

가치의 기준을 '자신'에게 맞추는 경향이 있어서 싫은 일은 하지 않는다. 싫은 상황을 굳이 참으려 하지도 않고, 내키지 않는 무언가를 하기 위해 안간힘을 쓰지도 않는다. 이러한 모습들이 기성세대들 눈에는 '노력하지 않는 청년'으로 비춰질 수 있으나, 밀레니얼세대는 노력하지 않는 게 아니라 굳이 노력하지 않아도 되는 일에까지 에너지를 쓰고 싶지 않은 것뿐이다.

서로 이해할 수 없다고 해서 비난해도 되는 것은 아니다

기성세대는 인생의 대부분의 시간을 생계를 꾸려나가기 위해 발버둥 쳤다. 제조, 유통, 서비스업 등 생계형 경제활동에 직접 참여해본 경험이 많고, 그것을 통해 인생과 일에 대한 지식과 지혜를 많이 터득했다. 반면 밀레니얼세대는 먹고살기 위한 생계형 경제활동에 직접 참여해본 경험이 상대적으로 적다. 부모나 사회로부터 복지, 나눔, 베풂의 대상은 되어봤지만 스스로 경제적 독립을 하는 게 당연한 세대는 아니다. 물론 아르바이트 등을 통해 용돈을 충당하거나 가정형편이 어려워 직접 생활비를 해결하는 경우도 있긴 하지만, 그런 사람이 대다수라고 보기는 어렵다.

부모세대는 직접 모든 것을 일구며 생계형 생산활동이 이루어지는 프로세스를 A부터 Z까지 몸소 학습했지만, 청년들은 모든 것이 어느 정도 갖추어진 상태에서 추가적인 가치창출 프로세스를 주로 학습하고 참여했다.

또한 기성세대들은 퇴근 후에 딱히 할 게 없었다. 농업적 근면성이 자리 잡고 있던 시기였기 때문에, 아무 일도 하지 않아도 직장에 남아 있어야 마음이 편했다. 기성세대는 '칼퇴근'이라 부르고 밀레니얼세대는 '정시퇴근'이라고 부르는 이유도 이 때문이다.

기성세대는 할 일이 없어도 직장에 남아 있는 게 직장을 위하는 일이라 생각해왔다. 그러니 그들의 눈에는 정확히 6시에 퇴근하는 밀레니얼세대가 자기만 생각하는 이기적인 사람들로 보일 수 있다. 하지만 밀레니얼세대는 생각이 다르다. "직장에 무턱대고 오래 남아 있는다고 해서 생산성이나 능률이 올라가는 것이 아니잖아요?"

라고 되묻는다. 이들은 정시에 퇴근해서 자기계발도 하고 문화체험도 하면서 창의력을 기르는 것이 자신의 역량을 향상시키는 방법이고, 그 향상된 역량을 업무에 투입하면 그것이 직장에, 정확히 말하면 자신의 커리어를 개발하는 데 더 큰 도움이 될 것이라고 생각한다.

따라서 기성세대는 밀레니얼세대가 생산적이지 못하고, 생각 없이 행동한다고 함부로 비난해서는 안 된다. 사람은 생산활동을 통해 많은 경험을 할 수 있고, 경험을 통해 생각을 정리할 수 있는데, 밀레니얼세대들은 그럴 기회가 상대적으로 많이 부족했다. 그러니 기성세대는 후배세대들을 무턱대고 야단치기보다는 생각하는 훈련을 할 수 있도록 많은 기회를 제공해야 한다.

밀레니얼세대도 마찬가지다. 살아가는 시대가 다를 뿐이지 기성세대가 답답하게 살고 있는 것이 아니다. 기성세대인 상사는 상대적으로 생산활동에 직접 참여한 경험이 많은 세대로, 밀레니얼세대보다는 상대적으로 경험과 지식을 몸소 많이 체험해왔다는 점을 인정해야 한다.

기성세대는 밀레니얼세대를, 밀레니얼세대는 기성세대를 인정하고 존중해야 한다. 살아온 시대가 다르니 경험도, 배움도, 관점도 서로 다를 수밖에 없다. 예를 들면 기성세대는 경제적으로 열악한 여건 속에서 고도성장 시대를 겪은 사람들이다. 반면 밀레니얼세대는 기성세대에 비해 경제적으로 비교적 풍요롭게 살아왔다. 웬만해서는 밥 굶을 걱정은 안 해도 된다.

하지만 그렇다고 해서 아무런 고민이 없는 것은 아니다. 치열한 글로벌 경쟁 속에서 하루가 다르게 급변하는 정보통신기술을 쫓아가야 하고, 다양한 사회적 가치가 갈등하는 세상에서 살아가야 하니 말이다.

이렇듯 밀레니얼세대는 빠르게 변화하는 세상에 민첩하게 적응하며 살아왔다. 기성세대와는 살아온 환경도 다르고 사고방식도 달라 서로 이해하기 어려운 요소가 많다. 이는 곧 소통을 단절시키고 결과적으로 세대 간 갈등까지 야기한다.

기성세대와 밀레니얼세대가 함께 얽혀 살아가고, 특히 한 직장에서 같이 일할 때 가장 중요한 것이 하나 있다. 바로 서로의 다름을 인정하는 것이다. 세대 간의 차이를 두고 옳고 그름을 따지는 것은 소모적이고 유치하다. 그런 쓸데없는 논쟁보다는 개개인이 조직에 속한 구성원으로서의 역할과 책임을 명확하게 하고, 협업 시너지를 극대화하여 공동의 성과를 창출하는 것이 중요하다.

기성세대와 밀레니얼세대는 각자 경험한 것이 다르기 때문에 잘할 수 있는 일이 다를 뿐이다. 성과사회, 성과조직에서는 공동의 성과창출을 위해 각 구성원들의 역할과 책임이 다름을 인정하고, 각자가 가장 잘할 수 있는 일에 집중한다. 그것이 효율을 높이는 최선의 방법이기 때문이다.

4차 산업혁명 시대에는 주체적인 사람만 살아남는다

사회는 끊임없이 달라지고 있다. 기술이 발전하고, 일하는 형태와 삶을 살아가는 방식도 다양해졌다. 밀레니얼세대는 이런 변화를 이끄는 주체다. 그들은 '이 일이 나에게 어떤 가치가 있는가?'를 중요하게 여기고, 스스로에게 가치 있는 일이라고 판단하면 자가발전 하듯이 동기를 만들어낸다. 이것이 그들을 움직이게 하는 가장 큰 원동력이다.

이제 젊은 사람들은 예전처럼 롤모델 하나만을 바라보고 '나도 저런 사람이 되어야지.' 하는 열망을 갖지 않는다. 아무리 열심히 노력해도 이제는 '저런 사람'이 탄생할 수 없기 때문이다. 앞에서 말했듯이 롤모델은 1을 투자하면 2를 얻는 세상을 살았지만, 나는 1을 투자해도 1을 못 건지는 세상에서 살고 있다.

불확실성이 높아져 정해진 길도 없고, 정해진 방향도 없으며, 결말을 예상할 수도 없다. 이런 상황에서는 남의 의사결정에 의존할 것이 아니라 스스로 결정하고 스스로 헤쳐나갈 수밖에 없다. 과거에는 대신 고민하고 의사결정해줄 수 있는 사람이 많았지만 이제는 내 갈 길은 내가 개척해야 한다.

4차 산업혁명 시대에는 스스로 의사결정하고 주체적으로 판단해야 살아남는다. 융합과 창의를 중시하는 4차 산업혁명 시대에 나만 옳고 타인은 그르다는 생각은 협업을 방해해 결국 홀로 고립된다.

과거에는 1명의 핵심인재가 나머지 구성원을 모두

먹여 살리는 환경이었다고 말해도 과언이 아니었다. 하지만 오늘날에는 인공지능 등의 발달로 사람이 아무리 똑똑해봐야 지식의 양적·질적 측면에서 컴퓨터를 이길 수 없다. 오로지 세대 갈등을 해소하고, 개개인의 역할과 책임을 충실히 해내서 집단지성을 살려야만 4차 산업혁명 시대에 살아남을 수 있다.

개인의 '역할과 책임'을 존중한다는 것은
일에서의 '자율성과 독립성'을 보장해주는 것이다.

냉정하게 말하면 기성세대는 시키는 대로만 일하면 만사오케이였던 수동적인 사회의 주역들이었다. 그들은 성실과 노력이 최고의 미덕인 사회에서 인내하고 순종하며 치열하게 살아남았다. 오랜 시간 열심히 하면, 최선을 다해 노력을 쏟으면 나름대로 경쟁력이 있었다.

하지만 밀레니얼세대는 이제 세상이 변했음을, 그래서 노력만으로는 원하는 결과물을 결코 얻지 못하는 시대가 되었음을 안다. 개개인의 성과지향적인 역량을 최대치로 발휘해야 원하는 결과물을 겨우 얻을 수 있는 시대다. 그리고 그 역량은 자기완결적 실행권한이 보장되어야 제대로 발휘된다. 개인이 중요하다는 것은 인권보장과 같은 철학적인 고민이 아니다. 급변하는 작금의 환경 속에서 집단보다 개인이 더 중요해졌다는 의미다. 그러므로 이제부터는 '어떻게'의 부분을 풀어야 한다. 현재의 상황은 어떻고, 왜 이렇게 되었는지 원인과 배경을 먼저 생각해야만 세대갈등의 문제가 풀린다.

08 시대적 역할과 책임에 소홀한 기업

대한한국은 다른 나라에 비해 '반反기업 정서'가 특히 심한 편이다. 이윤추구에만 몰두하는 기업경쟁 메커니즘으로 인해 '성과'라고 하면 곧 '이익'과 동일시하고, 그러다 보니 '성과'의 개념에 대해서도 부정적인 인식이 만연해 왔다.

기업이 돈을 벌어야 국가에 세금도 납부하고, 고용도 창출하고, 가계에도 소득이 생기고, 국가 경제도 돌아간다. 그걸 누가 모르는가? 그런데도 왜 우리나라 국민들은 이렇게 기업을 싫어하게 되었을까? 어쩌면 우리 기업이 시대가 요구하는 올바른 역할과 책임을 제대로 다하지 않았기 때문인 것은 아닐까?

과거에는 기업의 사회적 역할과 책임이라고 하면 봉사활동이나 성금기부 등 일정 부분 사회를 위해 가시적인 금전적 기여활동을 가장 먼저 떠올렸다. 하지만 최근에는 기업의 사회적 역할과 책임이 달라졌다. 본질적인 '사회적 책임론'이 부상했기 때문이다.

자신의 존재이유와 삶의 본질적인 목적을 묻는 개인들이 점차 늘어나고 있다. 그런 철학적인 고민들은 개인의 삶을 넘어 기업에도 확장되어, 대체 이 기업은 왜 존재하는가, 시장과 사회에 어떤 기여를 할 것인가, 기업활동의 본질적인 목적은 무엇인가를 묻기 시작했다.

과거에는 싸고 질 좋은 제품, 1등 기업의 제품, 브랜드 이미지가 좋은 제품을 선호했다면, 이제 소비자들은 이 기업이 얼마나 공정하게 운영되는지, 얼마나 투명하게 경영활동을 하고 있는지 등 기업 내부의 속사정까지도 궁금해한다. 기업의 사회적 책임에 대해, 오너가 단순히 혼자 잘 먹고 잘살려고 기업활동을 해서는 안 된다는 것에 대해 공감대가 형성되었기 때문이다.

이처럼 개인도, 사회도 존재의 이유와 정체성에 대해 본질적이고 철학적인 질문을 던지며 성장해나가고 있다. 그런데 정작 기업과 조직의 내부 제도와 시스템은 과거에 멈춰 있고 여전히 보수적이다. 급격히 변화한 외부환경을 고려한다면 조직 내부의 모든 것이 매우 진부한 수준이다.

개인이 주체적이고 창의적인 인간이 되고 싶어도 시스템이 구태의연하고 틀에 박혀 있으면 개인으로서는 할 수 없는 일들이 너무 많다. 가령 비용결제 시스템만 봐도 그렇다. 일상생활에서는 100만 원짜리 물건도 그것을 구입하는 것이 효율적인지 아닌지 현명하게 의사결정할 수 있는 사람들이, 직장에 입사하게 되면 3만 원을 사용하는 결정도 혼자 할 수 없다. 결재 절차가 복잡하고 오래 걸리며 무엇보다도 자신의 역할과 책임을 실행하기 위해 3만 원을 사용하겠다는 당사자의 의사결정을 조직이 믿어주지 않기 때문이다. 그러니 왜 3만 원의 비용지출이 필요한지를 조직에 혹은 상사에게 증명해야 한다. 이럴 때마다 직장인들은 평상시에는 멀쩡하다가도 출근만 하면 바보가 되는 느낌을 받는다.

특히 우리나라의 조직문화는 체제순응과 상명하달의 뿌리가 너무 깊다. 일제시대부터 학교나 조직에 베어든 체제 순응적 사고방식 때문일 수도 있고 군대문화의 영향일 수도 있다. 어느 사회든 조직문화는 상위조직으로부터 형성된다. 사회의 지도자들 그리고 기업의 CEO나 기관장처럼 조직의 최고경영자들이 변화하지 않으면 조직문화는 과거 상태 그대로 고착화된다.

변화는 위에서부터 내려가는 것이다. '윗물'부터 바뀌어야 한다. 사회의 지도자들과 최고경영자들이 변화하고 혁신해야 조직의 임원이나 팀장 같은 중간 리더들의 역할행동이 바뀌고, 하위의 조직문화도 혁신할 수 있다. 일선 실무자들에게 아무리 변화를 주문한다 한들, 아무리 창의적이고 혁신적으로 일하라고 독려하고 질책한다 한들, 직속상사들인 팀장, 파트장, 나아가서 임원, 본부장들의 역할행동이 바뀌지 않으면 무용지물이다.

기업과 조직의 시대적 과제 중에서
가장 중요한 것은,

수직적이고 계급지향적인 조직문화를
수평적이고 역할지향적인 조직문화로
혁신하는 것이다.

기업과 조직의 일하는 문화가 수평적이고 역할지향적으로 변화되면 그 후폭풍이 일파만파로 번져나가 대한민국 사회 전체를 혁신시키는 기폭제가 될 것이다.

'역할役割'의 '할割'은 '베다', '끊어버리다', '나누다'라는 뜻이다. 그래서 역할은 '쓸데없는 일을 하지 말고 꼭 필요한 일을 하라.'는 뜻이다. 조직의 성과창출을 위해 정해진 기간 동안 구성원 각자가 선택과 집중해야 할 우선적이고 중요한 일을 말한다.

따라서 최고경영자는 '역할' 관점에서 조직와 업무를 바라봐야 한다. 조직 내에서 리더가 조직을 위해 '해야 할 일'이 무엇이며, 리더의 위치에서 어떤 '역할'을 해내야 하는지를 먼저 정확히 인지시킬 필요가 있다.

사실, 아직도 대부분의 조직에는 리더로서 역할과 책임을 다하지 않는 이름만 리더인 사람들이 생각보다 많다. 일을 시키기만 하거나 결과에 대한 책임을 하위조직에 떠넘기는 경우도 있다. 심지어는 조직성과에 무임승차하기도 한다. 이렇게 직업적 양심을 지키지 않는 리더가 많은 조직일수록 전체적인 역량의 수준이 하향평준화된다. 구성원들이 그대로 따라 배우기 때문이다.

양심적인 지도자와 개인이 많아질수록 사회가 건강해지듯, 직업적 양심을 올바르게 지키는 리더는 조직을 건강하게 성장시킨다. 리더들의 직업적 양심이 올바르게 지켜지고 있는 조직은 구성원들이 열정적으로 몰입해서 일하고, 자기주도적으로 일한다. 결과적으로 업무만족도와 조직만족도가 높고, 그 조직은 지속적으로 높은 성과를 창출할 수 있다.

양심의 본질이 그렇듯 직업적 양심도 남이 강요한다고 해서 지켜지는 것은 아니다. 직업적 양심을 지키는 것은 전적으로 본인의 선택에 달린 문제이다. 하지만 우리는 현대사회의 건강한 시민으로서, 그리고 한 조직의 건강한 구성원으로서 능동적인 삶을 살아가길 원한다. 그렇다면 직업적 양심을 잘 지켜야 한다. 주체적인 인간으로서 자율성을 보장받으며 일하고 싶다면 당장 실천해야 할 부분이다.

이 사회를 선도하고 있는 기업과 조직의 시스템이 변화해야 개인도 변화할 수 있다. 제도와 시스템이 구축되어야 개인도 주체적 사고를 할 수 있는 환경을 보장받는다. 먼저 최고경영자가 리더들의 역할행동 기준을 수평적이고 민주적인 리더십으로 바꿔주고, 리더가 구성원 개개인의 변화된 역할기준을 능동적이고 창의적인 주체성으로 제시해줄 때 조직이 변화한다. 결국 이와 같은 프로세스가 조직에 녹아들게 하는 것이 기업의 새로운 사회적 역할과 책임이다.

개인이 아무리 자신이 맡은 역할에 대한 성과를 주체적으로 인식하고 자기주도적인 역할행동을 한다고 하더라도, 기업과 조직이 성과와 권한위임에 바탕을 둔 자율적이고 수평적인 조직운영을 하지 않는다면 아무 소용없다. 실제로 성과와 관련된 제도와 시스템을 여전히 결과주의에 바탕을 두고 운영하는 조직들이 많다. 그리고 승진이나 연봉협상의 근거로만 사용한다. 성과를 평가하는 제도는 개인이 만들어낸 결과물의 가치를 판단하는 기준이 되어야지, 단순히 구성원들을 걸러내는 인사평가 도구로만 활용해서는 안 된다. 그런 조직에는 미래가 없다.

Part 3.

성과사회를 이끌어갈 미래 인재의 조건

이미 와버린 성과사회에 개인에게 요구되는 역할과 책임이란 무엇일까? '능력'에서 '역량'으로 패러다임이 변화했다. 그러니 이제는 가치 있는 결과물을 지속적으로 생산해내는 '역량'을 스스로 매니지먼트 해야 한다. 육체노동자에서 지식근로자로, 이제는 지식근로자를 넘어 성과경영자의 시대가 온 것이다.

과거에는 사회와 거대 조직의 부품에 불과했던 개인이, 이제는 독립된 개체, 성과의 주체가 되었다. 사람이 인프라와 프로세스, 그리고 스마트 기술의 융합으로 고부가 가치의 상품을 생산하는 주체가 된 것이다. 그렇다면 성과사회를 이끄는 역량 있는 미래형 인재란 어떤 사람일까? 우리는 무엇을 준비해야 할까?

09

하고 싶어서 하는 일은 열정의 강도가 다르다

_역할행동의 변화

이 시대에 개인의 역할이 어떻게 변화했는지를 이야기하기 전에 짚고 넘어갈 것이 하나 있다. 과연 '개인'이란 무엇이며 어떤 의미인지 생각해본 적 있는가?

예전에는 '개인'을 정의내릴 때, 인권보호나 차별금지 등 부당한 대우를 받거나 억압받는 부분에 초점을 맞추었다. 이는 개인은 보호받아야 하는 중요한 존재임을 암시했다. 반면 지금은 보호받고 존중받는 것은 기본이고, 개인이 자주성과 자율성을 바탕으로 의사결정을 할 때 그 과정에 주체적으로 참여하고 주인의식을 갖는 것을 중시한다.

이처럼 현대사회에서 개인의 중요성을 한 차원 끌어올린 힘은 어디서 나왔을까? 동기부여의 원천이 달라졌다는 점이 중요한 원인이라고 할 수 있겠다. 예전에 개인들이 처한 사회적·경제적 환경을 되짚어보면, 그때는 사회심리학자 에이브러햄 매슬로우Abraham H. Maslow가 말하는 인간의 욕구 5단계 중에 경제적인 욕구가 가장 컸다. 그래서 보상 개념으로 외재적인 동기부여를 시켜주는 것이 중요했기 때문에 경제적 보상이 핵심이었다. 내가 한 일에 대해 금전적으로 공정하게 보상을 받을 수 있을 때 일에 대한 동기가 높아졌고, 그렇지 못하면 의욕이 저하되었다는 말이다.

하지만 이제는 누구든지 노력만 하면 먹고사는 문제를 웬만큼은 해결할 수 있는 시대에 살고 있다. 따라서 경제적인 욕구를 넘어서 안전에 대한 욕구와 인정에 대한 욕구가 전반적으로 더 높아졌다. 상대적으로 외재적인 동기부여 요건보다 내재적인 요건이 훨씬 더 중요하게 작용한다는 이야기다. 금전적 보상에 기반을 둔 동기부여는 일정 수준이 되면 한계에 다다르지만, 스스로가 내재적으로 동기부여하는 것에는 한계가 없다. 지속적으로 내재적 동기부여를 유지하는 것이 가장 중요하다.

내재적 동기부여는 자주성에 달려 있다. 자신의 의사를 반영시켜 할 수 있는 일인지, 타인의 지시에 따라야 하는 일인지에 따라 열정의 강도가 다르다. 우리나라 사람들은 대체로 집단에 묻혀 있으려는 성향이 강하다. 그래서 팀이나 부서 등 자신이 속한 그룹 안에서 익명의 구성원으로 존재하고, 평가도 개개인보다는 조직 전체에 대해 주어지는 편이다.

상대적으로 개인보다 조직 전체가 팀워크를 맞추어 열심히 해야 하는 구조이다 보니 개인적으로 다소 방만한 무임승차자가 발생하기 마련이다. 이것은 거의 모든 조직에 공통적이다. 조직에서뿐만 아니라 하다못해 대학교 수업에서 조별 과제를 할 때도 집단으로 평가받으면 반드시 무임승차자가 발생한다.

진정성 있는 사명감은 역할행동을 변화시키고
동기부여의 성패를 가른다.
사명감이 없으면
'피로와 자괴감'이 행동으로 나타나고

사명감이 있으면
'열정과 자부심'이 행동으로 표출된다.

사명감을 키우는 방법은 '자신의 역할'과 '일의 의미'를 재정립하는 것이다. 이때 알아야 할 것이 다음과 같은 2가지다.

첫째, 개인이 자신의 역할을 명확히 인지하고 주체적으로 조직의 업무에 참여할 때 더욱 동기부여가 된다. 집단 속의 개인이든, 혼자서 일을 하는 개인이든, 주체적이지 못하면 일이 재미없다. 내 일이 아니라는 생각이 들기 때문이다.

스스로 의사결정하고 그에 대한 규제와 책임, 역할 등을 스스로 이해하고 공유하면, 그 일이 내 일로 인식된다. 이렇게 자주적으로 만들고 참여한 일이어야 애착도 생긴다. 일을 추진하는 프로세스와 실행방법에 대한 의사결정을 주체적으로 하고, 일의 결과물에 대해 책임도 스스로 질 수 있을 때 제대로 된 동기부여가 되는 것이다.

둘째, 동기부여는 일하는 이유를 진심으로 깨닫고 자신의 가치를 일에 부여할 수 있을 때 의미가 있다. 특히 요즘 구성원들은 자신이 가치 있다고 생각하는 일이어야 몰두한다. 시키면 시키는 대로 무조건 일하던 시대는 지났으며, 리더 역시 구성원들을 따로 관리하거나 감독하지 않아도 그들 스스로 자발적·자율적으로 알아서 해주길 바라고 있다.

그런데 자신의 역할에 맞는 권한을 얻고 싶다면 한 가지 조건이 있다. 실행방법에 대한 의사결정 권한을 스스로 획득해 나가야 한다는 점이다. 권한은 그냥 얻어지는 것이 아니다. 리더가 나를 믿고 일을 맡길 수 있도록 만드는 것은 나의 몫이다. 이 점을 잊어서는 안 된다.

자신의 역할과 일의 의미를 정의내리는 것은, 자기주도적으로 일을 컨트롤할 수 있는 기초가 된다. 다른 사람이 강요하는 삶이 아니라, 내가 진정으로 원하는 삶의 방향을 인식하고, 그 방향으로 끊임없이 진전하고 있다는 확신이 들기 때문이다.

이를 위해서 매 순간의 의사결정과 행동, 그리고 삶

의 원칙이 되는 지침을 글로 표현해보는 것이 어떨까? 이 방법이 바로 '미션과 비전' 수립이다. 진정으로 자신이 원하는 삶을 살아가는 사람들은 명확한 미션과 비전을 가지고 있다.

조직과 사회에 기여하고자 하는 일과 가치를 정의해 놓은 것이 '미션mission'이다. 미션은 한마디로 존재목적이다. 그리고 미션을 추구하기 위해 되고자 하는 미래 모습이 '비전vision'이다. 이것은 곧 '경쟁력 있는 주특기'로써 삶의 버팀목이 되어준다.

미션과 비전은 무엇을 어떻게 해야 하는지 의사결정에 대한 기준을 제시해준다. 어떤 선택이나 행동을 하기 전에 왜 그렇게 해야 하는지 의문이 든다면, 미션과 비전을 떠올려보라. 어떻게 해야 할지 답이 나온다. 또한 미션과 비전은 여러 사람이 모여 함께 어떠한 일을 할 때도, 그 일을 왜 해야 하는지에 대한 이유와 당위성을 공유하고 공감할 수 있게 돕는다.

무슨 일을 하든지 항상 일을 하기 전에 나름대로의 목적과 목표를 생각해보는 습관을 들이는 것이 중요하다. 끊임없이 "왜?"를 물어보라는 말이다. 그것은 무엇보다 우리 자신의 삶, 나의 직장생활, 내가 맡은 업무에 대한 주도권을 쥐기 위함이다.

성과사회가 개인에게 요구하는 역할과 책임

이제는 구조적·환경적으로 타인이 나 대신 의사결정을 해줄 수 있는 상황이 아니다. 개인의 삶도 그렇지만 특히 조직에서는 더 그렇다. 실행하는 사람의 주체적인 역할이 중요해졌기 때문이다. 상사들은 예전처럼 일일이 챙겨주지 않는다. 그보다는 구성원들을 동기부여해주고 코칭해주고 권한위임을 해줄 수 있는 리더의 역할이 중요해졌다.

예전에는 CEO나 임원, 팀장이 주연이었다면, 지금은 실무자가 주연이다. 개인의 업무환경이 하루가 다르게 변하는 마당에 실무 담당자를 제외하고 그 일이 어떻게 돌아가는지를 누가 제대로 파악할 수 있겠는가? 그렇기 때문에 업무를 실행하는 당사자의 의사결정 역량이 매우 중요해졌다.

또한 현재의 조직 구성원 개인들은 각자의 의사결정

을 존중받고 지지받기를 원한다. 사회지도자, 훌륭한 인물, 상사, 부모, 선생님, 선배 등 타인이 자신의 인생을 대신 살아주지 않는다는 것을 아주 잘 알고 있고, 그들에게 종속되거나 기대려고 하지도 않는다. 스스로 삶과 일터의 주인공이 되고자 한다. 단, 여기에는 조건이 하나 있다. 개인이 삶과 일의 주인공이 되기 위해서는 기꺼이 자신의 역할과 책임을 다해야 한다. 의사결정할 수 있는 자격과 역량을 갖추어야 하고, 스스로 결정한 결과에 대해서 책임질 줄 알아야 한다.

이미 와버린 성과사회에 개인에게 요구되는 역할과 책임이란 무엇일까? 자신이 만들어내야 할 결과물을 실행하기 전에 명확하게 알고, 목표와 전략을 달성 가능하도록 수립하여 주도적으로 실행에 옮겨야 한다. 그리고 그렇게 만들어진 결과물에 대해 책임져야 한다. 직장에서는 연간·반기·분기·월간 단위의 성과로 자신의 가치를 증명해야 일의 주도권을 잡을 수 있다. 이와 같은 프로세스는 삶 속에도 그대로 적용된다.

결과를 주체적으로 책임지려면, 일을 실행하는 사람이 의사결정 권한을 가지고 있어야 한다. 실행과정에 대한 의사결정 권한이 없으면 주체적으로 책임을 질 수도 없고, 지고 싶지도 않다. 일에 대한 주도권은 곧 의사결정 권한이고, 권한이 있어야 개인의 고유한 역할이 존중받고, 맡은 일로부터 소외되지 않는다.

10 일의 주도권을 틀어쥔 자기완결적 존재

_일하는 방식의 변화

과거에 구성원들의 주된 역할은 상사의 지시를 실행하는 것이었다. 성실과 노력이 핵심가치였던 시대였고, 결과에 대해 보상이 주어지더라도 일의 주체자인 상사에게 공의 많은 부분이 돌아갔다.

어려운 미션들을 아무리 잘 처리해서 좋은 결과를 냈다고 하더라도 상사의 지휘감독이 핵심 성공요인으로 작용했다는 명분 때문에, 대부분의 실질적인 보상은 상사의 몫이 되었던 것도 사실이다.

이러한 조직문화를 학습한 개인은 조직에서 주목받기보다는 조용하고 묵묵하게 주어진 일을 해내고, 스스로 의사결정한 것이 없으니 보상이나 공도 자연스레 상사에게 돌리면서 그림자처럼 일하게 된다.

이제는 상사가 시키는 대로 열심히 일하는 시대는 끝났다. 그보다는 내가 하는 일에서 내가 의사결정의 주도권을 갖고 일의 주체가 되는 것이 중요하다.

일하는 환경이 변하면 일하는 사람의 역할행동도 변해야 한다. 고객 중심의 복잡하고 다양한 요구가 폭발적으로 많아졌고, 업무환경은 거의 모든 일을 컴퓨터로 처리하며 시스템화되었다. 그리고 업무수행의 주체인 밀레니얼세대들은 기성세대와 가치관이 판이하게 다르다.

이처럼 내외부환경이 급변했고, 이런 변화 속에서 상사나 중간관리자들은 구성원들을 일일이 간섭하고 통제하고 싶어도 더 이상 그럴 수 없는 상황이 되었다. 당연히 상사나 중간관리자들도 역할행동을 바꿔야 한다. 상사는 리더로, 중간관리자는 중간경영자가 되어야 한다.

실무책임자인 구성원들도 과거 팔로워follower로서의 의존적 태도를 버리고 주체적으로 업무를 수행해야 한다. 전략적 사고와 문제해결 역량을 바탕으로 자기주도적으로 일하는 것, 즉 '일의 주인'으로 성장해야 한다. 당연히 일의 잘잘못에 대한 책임도 나의 것이다. 그러려면 정해진 시간 내에 주어진 일을 해치우듯 끝내는 데 중점을 둘 것이 아니라, 애초에 목표한 대로 원하는 품질의 결과물이 나오도록 일을 끝낼 수 있어야 한다.

일의 '목적'과 '목표'는 '성과지향적'으로,
일의 '전략'과 '방법'은 '목표지향적'이어야
완벽하게 일의 주인이 된다.

일의 목표와 전략이 명확한 사람은 주체적이고 주도적으로 일을 한다. 내가 실행주체가 되면 남에게 의존하지 않는다. '목표와 전략'이 있으면 주체적으로 사고하고 전략적으로 의사결정할 수 있다. 목표가 의사결정의 기준이 되어주기 때문이다.

일의 성과는 '지향적 목표goal'가 아닌,
'상태적 목표objective'에 달려 있다.
목표가 상태적으로 구체화되어 있어야

전략이 결정될 수 있고, 전략이 결정되어야
최적의 실행방법을 선택할 수 있다.

하지만 대부분의 사람들이 지향적 목표를 일의 결과물로 설정한다. 지향적 목표란 상태적 목표와 다르게 기대하는 바, 지향하는 방향 정도만 표현한 목표를 말한다. 지향적 목표만으로는 결코 제대로 된 전략과 방법을 만들어낼 수 없다.

무슨 일이든 일을 시작하기 전에 원하는 결과물이 구체적으로 무엇인지 상태적 목표부터 설정하는 것이 매우 중요한 습관이다. 2시간짜리 일이든, 하루짜리 일이든, 1주일짜리 일이든, 일이 끝나고 났을 때 원하는 결과물의 구체적인 모습을 정의할 수 있다면 일의 90%는 실행한 것이나 마찬가지다. 그만큼 무슨 일을 하기 전에 원하는 결과물을 목표화하는 것이 중요하다는 말이다.

상태적 목표가 없으면 성과도 없다. 상태적 목표란 미래에 반드시 이루고자 하는 간절함과 절실함이 담겨진 염원의 객관적 산물이다. 간절함과 절실함이 부족한 이유는 무엇일까? 목표가 구체화되지 않아서 가슴에 와 닿지 않기 때문이다. 목표가 반드시 달성되기 위해서는 다음 4가지가 꼭 필요하다.

첫째, 목표조감도

목표조감도는 원하는 결과물이 이루어진 상태를 객관적으로 표현한 상태적 목표를 말한다. 대부분의 사람들은 목표라고 하면 지향적 목표를 생각한다. 지향적 목표는 이정표 역할을 할 수 있을지는 몰라도 목표의식을 심어줄 정도로 구체적인 목표달성 상태를 전달하기에는 미흡하다.

그래서 어떤 목표든, 원하는 결과물이 이루어진 구체적인 상태를 표현해 주는 상태적 목표가 되어야 한다. 목표가 달성되었을 때의 원하는 상태를 구체적으로 표현할수록 인과적인 전략과 방법을 정확히 실행할 수 있기 때문에 목표달성 가능성이 높아지고 자신감이 생겨 동기부여가 된다. 목표가 조감도의 형태로 표현되어 있으면 기획planning단계는 완료됐다고 볼 수 있다.

둘째, 실행계획

실행계획plan이란 보통 목표를 달성하기 위한 전략과 방법을 말한다. 설정된 상태적 목표를 달성하기 위해 집중적으로 공략해야 할 대상target을 선택적으로 결정하고, 대상별 공략방법과 업무처리 절차와 실행일정을 구체화해놓은 행동계획action plan인 셈이다. 대부분의 연간·분기·월간·주간 실행계획을 살펴보면 우선 명칭 자체가 '업무추진 계획'이라고 되어 있고 내용들도 업무지침이나 업무처리 절차와 실행일정이 주를 이룬다. 상대적으로 해당 기간별·과제별 목표를 달성하기 위해 공략하고자 하는 구체적인 대상이 명확하지 않고, 해야 할 일들과 마감일정을 투두리스트to do list로 정리해놓은 형태가 대부분이다.

계획의 핵심은 목표달성을 위한 실행방법이다. 목표달성을 위해 반드시 공략하고자 하는 대상과 대상별 실행방법이 있어야 계획이라 할 수 있다.

셋째, 실행력

실행력이란 수립해놓은 실행계획을 행동으로 실천하는 역량을 말한다. 대부분은 실행계획을 수립해놓고 해야 할 일을 일정에 맞추어서 절차대로 실행한 것이 '실행력'이라고 흔히들 생각하는데, 실행력의 핵심은 '실행방법'이다. 업무처리 절차의 일정별 준수도 물론 중요하지만 그것보다 대상별 공략방법의 실천이 더 중요하다.

기업이나 조직에서 실행력이 부족하다는 이야기를 많이 한다. 실행력의 실체가 무엇인가? 월간, 주간 업무계획의 100% 실행이 핵심인가? 목표를 달성하기 위한 전략적이고 인과적인 방법의 실행이 핵심인가? 당연히 전략적이고 인과적인 실행방법의 실행이 핵심이다. 실행력을 높이기 위해서는 월간·주간·일일 단위로 기간별 성과목표를 상태적 목표로 객관화하고, 실행방법 중심으로 업무추진 계획을 보완하는 것이 매우 중요하다.

지금까지 월간·주간·일일 단위로 해야 할 일과 마감일정을 정해두고 일하는 데는 모두들 능숙했을 것이다. 하지만 해야 할 일의 원하는 결과물을 기간별로 목표화하고 실행방법을 구체화하는 데는 미숙하다. 연간 성과목표나 프로젝트별 성과목표와 달성전략이 아무리 그럴듯하더라도 이것이 실행력을 갖추려면, 특히 월간이나 주간, 일일 단위의 목표로 캐스케이딩cascading하여 실행하는 것이 매우 중요한 포인트다. 아무리 훌륭한 실행계획이라 하더라고 실행력이 없으면 실행계획은 무용지물이 될 수밖에 없다.

넷째, 문제의식

대부분의 사람들은 자신의 경험과 지식에 의존해서 문제의식 없이 일하는 경우가 많다. 문제의식이란, 현재 상태as is와 원하는 목표상태to be의 차이gap를 문제로 인식하는 것을 말한다. 문제의식을 가지기 위해서는 자신이 해야 할 일의 현재 상태를 관찰하고 원하는 상태가 어떤 상태인지를 고민하는 자세가 필요하다.

현재 상태와 목표상태의 갭을 알아야 그 차이를 유발하는 원인과 장애요인을 찾아 해결방법을 수립할 수 있다. 문제의식의 가장 중요한 출발점은 자기 자신이다. 자기 자신의 역량 수준이 현재 어느 정도인지 객관화하지 못하면 문제의식 자체가 생길 수 없다.

일을 해서 원하는 결과물인 성과를 창출하기 위해서는, 성과를 객관화한 상태적 목표를 제대로 설정하는 것이 가장 먼저 해야 할 일이다. 그것은 상태적 목표가 가져야 할 가장 핵심적 역할인 전략과 방법을 의사결정하고, 실행하는 사람이 스스로 동기부여를 하기 위해서이다. 하지만 대부분의 사람들은 목표와 전략이 어떠한 인과관계에 놓여 있는지 제대로 인지하지 못하고 목표와 전략을 별개의 것으로 생각하는 경우가 많다.

전략이란 '성과목표를 달성하기 위해 공략해야 할 구체적인 타깃을 정하고 공략방법을 결정하는 것'을 말한다. 전략에는 '공급자와 과제 중심의 전략'과 '수요자와 목표 중심의 전략'이 있다. 공급자와 과제 중심의 전략은 내부관점에서 무엇을 어떻게 하면 목표가 달성될 것인지 과거의 경험이나 벤치마킹 자료를 바탕으로 과제를 선정하고 방법을 결정하는 인-아웃in-out 성격의 전략이다.

반면 수요자와 목표 중심의 전략은 고객 관점에서 목표를 달성하기 위해 어떤 대상을 어떻게 공략해야 할지 고객의 니즈와 원츠, 현장의 상황을 반영하여 공략대상과 실행방법을 결정하는 아웃-인out-in 성격의 전략을 말한다.

공략해야 할 타깃은 성과목표 조감도의 구성요소 중에서 결정되기 때문에 성과목표가 이루어진 상태를 세부내역의 형태로 구체화하지 못하면 전략을 제대로 수립할 수 없다. 성과목표를 잘게 쪼개 구체적인 타깃 형태로 만들어야 한다는 뜻이다.

조직에 소속된 구성원은 리더가 원하는 성과를 만들어내기 위해 필요한 선행 목표들을 세분화하고, 목표에 중요하게 영향을 미치는 변수들을 찾아내 각각의 변수에 맞게 최적화된 실행방법을 수립해야 한다. 내가 맡았던 일이 완료된 후에도 내가 만든 결과물이 과연 리더와 거래할 만한 상품인가에 대해 평가해보는 것이 중요하다.

또한 일의 과정과 결과에 대해 리더나 동료에게 자주 피드백을 구해 청취하고, 그것을 통해 스스로 자기완결적 업무추진 역량을 키워나가야 한다. 그런 과정이야말로 일하는 방법을 제대로 배울 수 있는 지름길이고, 이러한 학습과 도전이 계속된다면 결과적으로 내부고객인 리더와 거래할 만한 상품을 지속적으로 만들어내게 될 것이다.

11 이미 조직은 '가족'이 아니라 '스포츠팀'이다

_소통방식의 변화

예전에 우리나라의 사회적 분위기나 직장 내 모습은 가부장적 문화가 밑바탕에 깔려 있었다. 팀 내에 부모와 자녀의 역할을 하는 구성원들이 있었다. 조직은 리더에게 가정의 가장인 아빠의 역할을 강요하고, 구성원들에게는 말 잘 듣고 사고 안 치는 얌전한 자녀 같은 역할을 강요했다.

가부장적 아버지의 이미지를 '꼰대'라는 단어로 비꼬아 말하기도 한다. 꼰대는 자신이 가진 권력과 권위를 이용해 타인을 부당하게 대우하는 사람을 뜻한다. 조직문화에 대한 설문조사 결과를 보면 '강압적 의사전달과 폐

쇄적 소통경로'가 가장 견디기 힘든 조직문화의 요소로 꼽혔으며, 제일 싫은 상사유형은 '꼰대형'으로 나왔다.

예전 사회가 계급과 가문 근간의 기득권 중심의 수직적 계급사회였다면, 성과사회는 능력과 역량 근간의 역할과 책임 중심의 수평적 역할사회, 사람 중심의 사회를 말한다. 상위조직, 상사의 권력에 의해 아랫사람들의 생각이나 인격이 무시되는 사회가 아닌 역할책임을 지는 사람의 생각과 방법, 그리고 인격이 존중되고 성과가 인정되는 사람 중심의 자율사회를 성과사회라고 한다.

'자율에 기초한 수평적 역할' 문화를 강조하는 요즘 시대에 조직은 가족이기보다, 스포츠 팀에 가깝다. 축구팀에 감독, 코치, 공격수, 수비수, 미드필더가 있듯이, 조직에서도 저마다의 역할이 뚜렷이 있다.

가족과 같은 피라미드 조직에서는 '기능 중심의 수직적 조직구조' 형태를 가지고 있는 반면, 스포츠팀과 같은 조직에서는 역할을 중심으로 '선수 중심의 수평적 조직구조'를 가지고 있다.

이제 수평적 조직문화는 선택이 아니라 필수다. 사회는 물론이고 기업이나 단체 같은 조직에서도 마찬가지다.

게다가 저성장 저수익 구조로 인하여 대부분의 조직들이 고전을 면치 못하고 있는데, 이럴 때일수록 쓸데없는 간접비용이 새어 나가고 있지 않은지 점검해봐야 한다. 특히 내부적으로 소통이 제대로 되지 않아서 불필요한 비용이 낭비되지 않는지 진단해보는 것이 필요하다.

공동의 목표달성을 위하여 각자의 역할과 책임이 명확하게 기간별로 주어지고 있는가? 직위와 직책을 떠나서 서로 역할을 중심으로 진심으로 인정하고 존중하며 즐겁게 일하는가? 위와 같은 2가지 질문을 던져보며 현재 우리 조직의 문화가 어떤 상태인지 진단해보기 바란다.

매출을 늘리고 성장하는 것도 중요하지만 시장환경이 좋지 않을수록 통제할 수 없는 외부환경을 핑계 대지 말고, 통제할 수 있는 내부 조직문화를 혁신하여 차별화된 경쟁력을 유지하는 쪽이 미래를 위해서 훨씬 더 바람직하다.

소통의 가장 중요한 조건은 상대방에 대한 '차별과 무시'가 아니라 '인정과 존중'이다. 같은 조직에서 함께 일하기 위한 가장 중요한 조건도 상대방에 대한 인정과 존중이다. 특히 같은 목적을 가지고 일하는 직장에서 동료들을 인정하고 존중하는 것은 매우 중요하다. 조직에서 일의 성과를 거두어 목표를 달성하기 위해서는 '집단의 통합과 유지' 기능을 갖춰야 한다. 그 과정에서 리더는 구성원 개개인을 존중해주고, 구성원도 리더를 인정하고 동료들과 상호관계를 돈독히 하여 집단의 결속력을 드높여야 원하는 성과를 얻을 수 있다.

노력사회에서는 '일방적 수용'으로,
성과사회에서는 '쌍방적 토론'으로 소통한다.

우리는 왜 토론을 할까? 공동의 목표를 공유하고, 그 목표를 달성하기 위한 개인별 역할과 책임을 분담하며, 서로 협력해야 할 기준을 정하는 것이 토론의 기본이다. 리더를 포함하여 구성원들 개개인의 상황을 바라보는 관점과 과거의 경험과 해결방법에 대한 생각이 다르기 때문에 토론을 통하여 원하는 성과를 창출하는 데 가장 효율적이고 효과적인 방법을 걸러야 하는 것이다.

상사 중심의 노력사회에서는 조직이나 상사가 기준

을 정하면 조직의 구성원들은 별다른 토를 달지 못하고 그대로 받아들였다. 반론과 의문, 다른 의견을 개진하기보다 이미 정해진 것을 일방적으로 실행하는 것이 구성원의 미덕이었다.

하지만 이제는 기본적인 소통 방식이 일방적 수용에서 쌍방적 토론으로 바뀌었다. 그냥 시키는 대로 군말 없이 하는 게 아니라 먼저 토론을 해야 하기 때문에 자연스럽게 다양한 세대가 다양한 관점에서 서로 놓쳤거나 제대로 보지 못한 점을 보완해준다. 그리고 이 과정을 통해 팀이 하나로 융합될 수밖에 없다.

능동적 소통의 3원칙

4차 산업혁명으로 인해 개인은 유연성이 필요해졌다. 혁신과 변화에 유연하게 대처해야 적응할 수 있기 때문이다. 그런데 조직문화가 수직적이고 경직되어 있다면 개인이 아무리 뛰어나도 유연성을 발휘할 수가 없다.

갈수록 불확실해지는 미래를 이끌어가려면 어떤 리더십이 필요할까? '소통'이 가장 중요한 핵심요소가 될 수밖에 없다. 고객 중심의 소통, 목표 중심의 소통, 방법

중심의 소통, 능동적인 소통이 중요하다. 무엇보다도 수동적인 소통방식을 능동적인 소통방식으로 전환해야 한다. 선제적으로 자신의 의견을 먼저 밝히는 것이 능동적 소통의 핵심이다. 특히 직장에서 소통을 잘하려면 다음과 같은 방법을 잘 알아두어야 한다.

첫째, '주관적 의견'이 아니라 '객관적 사실'로 말한다. 주관적 의견은 '경험과 지식'에 기반하고, 객관적 사실은 '현장과 현상'에 기반을 둔다.

둘째, '짐작과 추측'이 아닌 '근거와 예측'을 기반으로 한 소통을 한다. 짐작과 추측은 '문자와 비교'의 형태를 띠며, 근거와 예측은 '숫자와 본질'의 형태를 띤다.

마지막으로 셋째는, '해석과 중론'이 아니라 '기준과 잣대'가 소통의 중심이 되어야 한다. 해석과 중론은 '사후적이고 상대적인 것'이며, 기준과 잣대는 '사전적이고 절대적인 것'이다.

소통은 '해야 할 일'과 '마감일정'도 중요하지만, '원하는 결과물'과 '실행방법'을 중심으로 해야 한다. 일반적으로 정해진 날짜까지 알아서 하는 게 자율이라고 생각하고 일단 믿고 맡겨보라고 말한다.

그러나 특히 일을 하는 현장에서는, 일을 시키는 사람과 일을 실행할 사람이 일을 시작하기 전에 충분히 소통해야 한다. 어떤 결과물을 위해 어떤 방법으로 실행하려고 하는지, 결과물이 의도에 맞는지, 실행방법이 인과적인지 등에 대해서 말이다. 이것은 일을 시키는 사람과 실행하는 사람의 역할과 관점이 서로 다를 수밖에 없기 때문이다. 그래서 양쪽이 사전에 충분히 소통하는 것이 매우 중요하다.

무턱대고 알아서 하는 것은 진정한 자율이 아니다. 전략적 사고와 이유 있는 행위의 사전 소통과 자율이 핵심이다. 상사가 지시하고 통제하는 환경에서보다 리더와 구성원들이 자율적으로 일하는 환경에서 일할 때, 서로 간의 소통은 훨씬 더 섬세하고 치밀해야 한다. 당연히 일을 시작하기 전에 이루어져야 한다.

무슨 일을 하든지 일을 하기 전에 해야 할 일과 마감 일정은 곧잘 소통하는데, 정작 원하는 결과물과 실행방법에 대한 공감대가 제대로 형성되지 않다 보니 일이 끝나면 꼭 이견이 생긴다. 서로가 원하는 결과물이 구체적으로 무엇인지, 또 내가 원하는 결과물이 무엇인지 미리 떠올려보면 원활한 소통이 가능해진다.

12

‘능력’에서 ‘역량’으로, 조직의 부품에서 성과의 주체로

_역량기준의 변화

지금까지 조직의 구성원들은 상사가 시키는 대로, 회사 규정대로, 이제까지 해오던 대로, 증명된 사실에 입각해서 그냥 열심히 하면 되었다. 경험과 지식, 스킬, 자격증, 학벌 등 일명 ‘스펙’만 갖추고 있으면 문제될 것이 없었다. 3차 산업혁명까지는 능력이 중요한 사회였기 때문이다. 상사가 시킨 일을 해내고, 부모님 말씀 잘 듣고, 선생님이 하라는 대로 공부하면 ‘능력’이 있다고 칭찬받았다. 그리고 일의 과정이나 결과는 시킨 사람의 관리를 받으면 되었다.

'능력capability'은 성과창출의 필요조건이다

맡은 업무나 요구되는 역할을 수행하기 위해 갖추어야 할 지식·스킬·경험·태도의 합이며, 직무 자격요건job requirements이라고도 한다. 'capability'는 용량이라는 뜻의 'capacity'와 할 수 있는 힘이라는 뜻의 'ability'의 합성어로 '할 수 있는 힘의 용량'이라는 뜻이다.

그래서 능력을 말할 때 '보유능력'이라고 표현하는 것이며, 능력을 판단하기 위한 가늠자는 경력, 학력, 자격증 등이다. 능력은 주로 직장에서 직무분석 작업을 통해 도출한 '직무수행 기준'을 말하기 때문에 성과창출의 필요조건으로 여겨진다.

예전에는 '노하우know-how'라고 할 수 있는 능력만 있어도 대우를 받을 수 있었지만 컴퓨터와 인터넷의 진화로 '노웨어know-where'가 상대적으로 중요해졌고, 창의·융합·팀워크라는 역량 또한 중요한 요건으로 추가되고 있다. 그렇다고 능력의 중요성이 떨어졌다는 것이 아니다. 능력은 자신의 역할, 해야 할 일을 명확하게 알아야 개발 가능하다.

그런데 이제는 인공지능과 로봇 기술의 발전으로 인간이 담당해왔던 육체노동은 물론이고 지식노동의 많은 부분까지 기계가 대신할 것으로 보인다. 기계가 인간의 노동을 더 많이 대체할수록 일자리가 양적으로 줄어들 것이 필연적이다. 그러면 기업이 원하는 인재상도 달라질 수밖에 없다. 4차 산업혁명 시대에 기업들이 행동력, 원하는 결과를 만들어내는 실행력인 '역량'에 주목하는 이유가 여기 있다. 현재의 지식과 새로운 지식을 끊임없이 융합하며, 스스로 일을 찾아 주변 동료와 소통하고 협업하면서, 창의적으로 문제를 해결해 나가는 인재를 원하게 되었다. '능력'과 '역량'을 구별하는 것은 매우 중요한 문제다.

'능력'에서 '역량'으로 패러다임이 변화했다. 그러니 이제는 가치 있는 결과물을 지속적으로 생산해내는 '역량'을 스스로 매니지먼트 해야 한다. 육체노동자에서 지식근로자로, 이제는 지식근로자를 넘어 성과경영자의 시대가 온 것이다. '역량'에 대해 좀 더 자세히 알아보자.

'역량competency'은 해낼 수 있는 실행력이다

1990년대 말부터 직장이나 사회에서 '역량'이라는 개념을 사용하고 있다. 과거에 직장에서는 능력고과, 능력평가라는 개념을 사용했으나, 이제는 역량평가라고 부른다. 거기에 역량 중심의 면접, 역량모델, 역량지표, 역량 기반의 인력개발 체계, 역량향상 과정 등 역량은 낯설지 않은 용어가 되었다.

'역량'은 원하는 결과, 기대하는 결과, 즉 '성과를 창출할 수 있는 실행력'을 말한다. 역량은 우연히 일어나거나 1회적인 것이 아니다. 반복적이고 지속적으로 발휘되는 성과창출과 관련된 행동 특성이다. 역량은 실행력을 담보로 하는 성과창출의 충분조건이다. 역량은 '해낼 수 있는 힘'을 말하는 '두하우do-how'다. 피터 드러커는 지능, 상상력, 그리고 지식이 성과를 내는 데 필수요소인 능력인 것은 맞지만, 이를 기반으로 성과를 창출할 수 있는 연결요소로서의 역량이 중요하다고 언급하기도 했다.

직장에서 역량을 잘 발휘한다는 것은 그만큼의 성과를 낸다는 의미다. 성과를 만들어내는 역량을 제대로 발휘하려면 고객과 현장의 상황을 잘 파악하여 원하는 결과물을 구체적으로 디자인하고 이를 성과목표로 객관화할 수 있는 실행력이 뛰어나야 한다.

그리고 성과목표를 달성하는 데 결정적인 전략타깃을 제대로 선택하고 집중하며, 액션플랜을 인과적으로 수립하고 예상 장애요인에 대한 대응방안도 마련해야 한다. 실행단계에 들어가게 되면 기간별로 목표를 캐스케이딩할 수 있고 환경과 상황변화에 따라 롤링플랜rolling plan을 주기적으로 실행할 수 있어야 한다. 그래서 역량은 '성과를 창출할 수 있는 실행력', '성과창출 프로세스를 전개할 수 있는 행동력'이라고 부른다.

능력과 역량의 축적은 평가와 피드백이 결정한다. 때문에 기업들의 인사제도와 시스템, 그리고 리더의 관리방식 역시 성과나 역량에 기반을 둔 프레임으로 변화할 것으로 전망된다. 인사제도의 핵심인 채용과 승진기준부터 진정한 역량검증 시스템이 적용되고 평가시스템은 사전에 합의된 성과평가 기준에 따른 올바른 사후 절대적 성과평가로 이동할 것이다. 평가자의 평가행위 중심의 사후 상대적 실적평가나 결과평가를 배제시키기 위해서다.

또한 역량평가에서도 평가자에 의한 사후 주관적 판단으로 평가대상자의 자질판단을 답습해왔던 문제점들이 점차 해소될 것으로 예상된다. 회사가 요구하는 인재상과 지향하는 핵심가치를 바탕으로 구체적인 행위지표를 도출하여 평가대상자들이 객관적인 행동지표로 삼을 수 있도록 역량평가 기준을 마련할 것이다. 또한, 직무역량은 성과목표 달성전략을 행위지표화하여 실질적인 역량평가 지표로 바뀔 전망이다.

우리는 성과를 창출하기 위해 정해진 기간 내에 수행해야 할 역할이 있으며, 그 역할에 맞게 행동함으로써 책임져야 할 성과가 있다. 조직 내에서 개인의 업무 전문성은 3~5년 전과 다르다. 연차가 높아질수록 책임져야 할 성과의 범위와 수준도 넓어지고 높아진다.

이러한 상황에서 성과를 지속적으로 창출해내려면 무엇보다 필요한 능력과 역량을 갖춰야 한다. 동시에, 조직이 중시하는 인재상에 맞도록 지속적으로 자신을 성장시켜나가야 할 것이다.

실력은 거짓말을 하지 않는다. 현재의 위치에서 더욱 당당해지고 자신 있게 이 세상을 살아가고 시장에서 살아남기 위한 무기가 바로 실력이며, 그것은 기본기를 제대로 다진 '역량'을 통해 구현된다.

어쩌다 우연히 반짝 성과를 낸 것은 '행운'이지 결코 '역량'이 아니다. 역량은 우연적인 것도, 1회적인 것도 아니다. 역량은 지속적인 성과를 만드는 '일 근육'이다. 멋진 근육처럼 만들기까지는 시간이 걸리지만, 한 번 체질화하면 두고두고 써먹을 수 있는 것이 바로 역량이다. 능력과 역량을 축적하여 쌓은 성장은, 개인이 능동적이고 선제적으로 이뤄낸 것이다. 그러므로 누구도 따라할 수 없는 진정한 내적 경쟁력이라 할 수 있다.

또한 4차 산업혁명은 교육혁명도 예고하고 있다. 일할 수 있는 연령이 높아지고 근로환경이 급속히 변하고 있어 젊은 시절 한때 열심히 공부한 것으로 평생을 버틸 수 있는 시대는 금세 끝날 것이다. 학습한 지식의 양이 아니라 학습할 수 있는 능력이 미래경쟁력을 좌우하게 된다. 이와 같은 사회에서 학교에서 배운 지식으로는 한계가 있다. 지속적으로 지식을 업데이트해 나가지 않으면 안 되는 상황이다. 바야흐로 평생학습의 시대인 것이다. 개개인이 차별화되고 경쟁력 있는 역량을 발휘하지 않으면 조직 내에서 자신의 가치를 인정받기 힘들어진다.

과거에는 거대 조직에 부품에 불과했던 개인이, 이제는 독립된 개체, 성과의 주체가 되었다. 사람이 인프라와 프로세스, 그리고 스마트 기술의 융합으로 고부가가치의 상품을 생산하는 주체가 된 것이다. 그렇다면 성과사회를 이끄는 역량 있는 미래형 인재란 어떤 사람일까?

첫째, 성과사회 변화의 본질을 이해하고 변화할 준비가 된 사람이다. 무엇보다도 주체적이고 주도적으로 일할 수 있는 사람이어야 한다.

둘째, 창의력, 새로운 사고 등을 갖추어 전략적 문제해결 역량을 갖춘 사람이다. 이전 사회처럼 일을 시킨 사람이 방법을 제시하지도 않고, 과정을 일일이 간섭하지도 않는 환경에서 일을 하려면 스스로 사고할 수 있는 역량이 있어야 한다. 또한 이미 모든 것이 갖춰져 있기 때문에 새로운 기술개발보다는 기술과 기술을 융합하는 등 지적 호기심이 있는 인재여야 한다.

셋째, 협업역량이 뛰어난 사람이다. 기술과의 융합뿐만 아니라 사람과도 융합할 줄 알아야 한다. 혼자 잘해서 성과가 나오던 시대는 오래전에 지났다. 성과사회에서는 얼마나 협업을 잘하느냐에 따라 역량이 몇 배 이상 증폭된다. 협업역량은 인공지능이 대체하기 가장 어려운 역량으로 꼽히기도 한다.

넷째, 변화에 쉽게 적응할 수 있는 사람이다. 4차 산업혁명의 도래로 경영환경이 많이 바뀌었다. 스마트폰의 등장으로 새로운 정보와 서비스를 제공하는 어플리케이션들이 엄청나게 빠르게 업데이트되고, 그 외에도 생활을 편리하게 해주는 기기들이 빠른 속도로 등장하고 있다. 이는 곧 소비자의 소비패턴을 실시간으로 읽고 예측하는 역량이 중요해졌음을 나타내는 것이기도 하다. 또한 조직 내 업무환경도 더욱 디지털화되어 내외부 환경변화에 빠르게 적응해야 한다.

경쟁력이 없다는 것은 이익을 내지 못하거나, 역량이나 능력이 부족하다는 의미다. 이익을 내지 못한다는 것은 고객 중심으로 사고하지 못하고 효과적이고 효율적으로 경영하지 못했다는 증거다. 투입과 산출의 원리에 의해 산출한 결과물이 시장에서 수요자인 고객으로부터 선택되지 않으면 퇴출될 수밖에 없다. 또한 산출보다 투입이 많으면 손해를 볼 수밖에 없다. 예측할 수 있고 만회할 수 있는 범위 내에서의 전략적 손실과 일시적 손해는 복구하면 되지만, 구조적인 비효율과 프로세스의 문제, 핵심역량의 문제는 근본적으로 진단해보고 과감하게 혁신해야 한다.

지식근로자는 지고 성과경영자만 살아남는다

피터 드러커는 1960년대에 일하는 프로세스를 고민하는 모든 사람을 '지식근로자'로 정의했다. 그가 말하는 '지식'이란 일하는 방법을 개선하고, 새롭게 무엇인가를 개발하고, 기존의 틀을 혁신하여 부가가치를 창출하는 것을 말한다. 과학적 경영관리법을 개발한 미국의 테일러F. W. Taylor 이후 조직을 위해 지식과 정보를 창출하는 모든 이를 '지식근로자'로 명명한 것이다.

그 후로 50년이 흐른 지금, 우리는 여전히 지식근로자에 머물러 있는 것은 아닐까? 어떤 사회냐에 따라 각광받는 인재상이 다르고, 그 인재상은 특정 인물에서 다수로 퍼져나간다. 사회와 기업의 중심이 육체노동자에서 지식근로자로 이동했듯이, 앞으로의 성과사회에서는 역할과 책임에 적합한 역량을 발휘할 줄 아는 '성과경영자'의 시대가 될 것이다.

물론 이전 사회의 근로자상은 사라지지 않고 다수의 모습으로 수렴하기에 지식근로자가 사라지지는 않겠지만, 현재 각광받고 있는 '성과경영자'가 곧 우리의 미래 모습이 될 날이 멀지 않았다. 정보사회, 지식사회에서는 단순히 지식을 많이 가진 사람들이 대접받았다면, 이제는 그 지식을 어떻게 활용하고 어떤 부가가치를 낼 것인지에 초점을 맞춘 성과경영자가 핵심인재로 급부상하고 있다.

과학기술이 발달하고 정보통신기술이 진화하면서 지식과 정보는 특별한 노력을 하지 않아도 접근성이 용이해져 그 가치가 예전 같지 않다. 마음만 먹으면 누구나 원하는 정보를 얻을 수 있기 때문에 이미 정보를 가지고 있는 지식인들이 더 이상 특별한 존재가 아니다.

또한 일의 주체도 달라졌다. 기성세대에게는 평생직장이라는 말이 친근하다. 한 번 입사하면 퇴직할 때까지 직장을 위해 온 몸을 바쳐 일하는 게 흔했다. 그야말로 개인이 조직과 함께 성장할 수 있었다. 반면 부작용도 있다. 더 일할 수 있는데 퇴직하면 할 일이 없어진다.

그런데 과거에는 일의 주체가 기업과 조직이었다면 이제는 개인이 되었다. 일을 더 할 수 있느냐 없느냐는 이제 오롯이 나 자신에게 달려 있다. 물론 평생직장도 없고 정년퇴임도 없다. 대신 스스로 성과를 내는 성과주체가 되면 굳이 조직에 맹목적으로 충성하지 않아도 된다. 내가 낸 성과를 바탕으로 조직과 당당하게 수평적으로 거래하는 거래관계, 종속적인 관계가 아니라 동업자 관계가 되면 굳이 일하는 조직에 안달복달하거나 매달리지 않아도 된다.

정년퇴임을 해도 건강만 허락한다면 평생 일할 수 있는 여지가 생긴다. 그야말로 성과경영자의 시대가 열린 것이다. 물론 성과경영자가 되는 것이 결코 말처럼 쉬운 일이 아니다. 혁명적인 노력을 해야 가능할 것이다.

지식근로자로 남을 것인가, 성과경영자로 변신해 더 주체적으로 살 것인가? 지금 있는 자리에서 제자리 뛰기를 할 것인가, 대지를 박차고 높이 날아오를 것인가?

이미 성과사회는 왔다. 성과경영자들을 중심으로 커다란 흐름이 시작됐다. 이 사회의 구성원이라면 누구라도 언젠가는 성과경영자가 되어야 할 텐데, 지금 당신은 시대의 흐름을 읽고 미리 준비하고 있는가? 아니면 그저 관성대로 수동적으로 따라가고 있는가? 선택은 당신에게 달렸다. 성과경영자로 변화하기를 강력하게 희망하는 사람들에게 이 책이 도움이 되길 바란다.

지은이 류랑도

류랑도

(주)더퍼포먼스 대표 컨설턴트

20여 년간 목표달성과 성과창출을 원하는 조직과 사람들을 도와왔다. 어떻게 하면 가장 효과적으로 성과를 만들어낼 수 있는지를 연구하고, 그에 필요한 지식과 방법을 널리 알리고 있다. 실무경험과 인본주의 철학을 바탕으로 한 그의 열정적인 강의와 컨설팅은 수많은 조직과 구성원에게 지속가능한 발전을 선사했다. 《일을 했으면 성과를 내라》, 《제대로 시켜라》, 《하이퍼포머》, 《성과 중심으로 일하는 방식》 등 30여 권의 저서는 출간할 때마다 베스트셀러에 올랐으며, 신입사원부터 CEO까지 폭넓은 독자들에게 스테디셀러로 꾸준히 사랑받고 있다.

지금도 현장에서 옳다고 믿는 것을 끊임없이 실험하고 치열하게 자기교정하며 4차 산업혁명 환경에 활용할 수 있는 '일하는 프로세스와 문화'를 만들기 위해 노력하고 있다. 개인의 자율성과 책임감, 기대감이 조직 내에서 중요한 에너지가 되고, 일하는 프로세스와 문화가 실체가 있는 구체적인 역량으로 발현되도록 하기 위해 오늘도 현장의 실무자들과 머리를 맞대고 고민하고 있다.

성과사회

2017년 10월 10일 초판 1쇄 발행
지은이 · 류랑도

펴낸이 · 김상현, 최세현
책임편집 · 최세현 | 디자인 · 임동렬
마케팅 · 권금숙, 김명래, 양봉호, 임지윤, 최의범, 조히라
경영지원 · 김현우, 강신우 | 해외기획 · 우정민
펴낸곳 · (주)쌤앤파커스 | 출판신고 · 2006년 9월 25일 제406-2006-000210호
주소 · 경기도 파주시 회동길 174 파주출판도시
전화 · 031-960-4800 | 팩스 · 031-960-4806 | 이메일 · info@smpk.kr

ISBN 978-89-6570-515-4 (03320)

• 이 책의 국립중앙도서관 출판시도서목록은 서지정보유통지원시스템 홈페이지(http://seoji.nl.go.kr)와 국가자료공동목록시스템(http://www.nl.go.kr/kolisnet)에서 이용하실 수 있습니다.
(CIP제어번호: CIP2017023891)